KB076481

사랑에 따라온 의혹들

로맨스
에서

돌보는
마음
까지

사랑에 따라온 의혹들

찬란하고 구질한
질문과 투쟁에 관하여

신성아 지음

서막: 6월 3일

2022년 6월 3일(금) 남편의 일기

윤이는 5.28(토) 저녁에 처음으로 열이 났다.
괜찮아졌다가 5.29 저녁에도 열이 났고, 5.30, 5.31,
6.1까지 5일 연속 저녁에 열이 났다. 열이 날 때 왼쪽
무릎 뒤쪽이 아프다고 했는데, 월요일에는 제대로 걷지
못할 정도여서 학교를 쉬었다. 그리고 소아과에 갔는데,
성장통인 것 같으니 좀 더 지켜보자며 해열제를 받아
왔다.

코피는 6.1에 났고, 6.2에도 났다. 그리고 6.3 금요일이
되었다. 아침 8시에 학교 갈 준비를 하는데, 세수하러
화장실에 들어간 윤이가 코피를 흘리기 시작했다.
지혈을 했으나 잘 듣지 않았다. 8시 10분이나 15분쯤
되었을 때, 코에서 손가락 굵기만 한 덩어리가 나왔다.
나는 놀라서 병원으로 향했다. 코피는 계속 났다.
8시 반경에 뉴고려병원에 도착했는데, 응급실에서
우리 병원에는 이비인후과가 없으니 일산백병원이나
동국대병원으로 가라고 했다. 피가 계속 나고 있어서
백병원으로 향했다. 백병원에 도착한 시간이 9시
10분경. 도착 직전에 코피가 멎었다. 약 한 시간 정도
코피가 난 셈이다. 코피 환자는 피검사를 먼저 하고
두 시간 후에 검사 결과를 가지고 진료를 본다고 했다.
피를 뽑고 윤이와 밥을 먹었다.

11시가 좀 넘었을까. 이비인후과 전공의가 예진을
하는데, 무슨 수치 하나가 안 좋다며 이건 자기네 과
문제가 아니라고 했다. 그리고 교수를 만났는데, 교수가
입원해서 봐야 될 것 같고 소아과로 가야 한다고 했다.
즉시 소아과 교수에게 전화를 걸더니 소아과로 가라고
했다. 소아과로 갔다. 소아과 교수가 나를 따로 불렀다.
그러더니 백혈구 수치가 14만으로 엄청나게 높으니
이건 악성질환을 의심해야 한다고 했다. 악성질환이
뭐냐고 내가 물으니 교수가 예를 들어 백혈병을
언급했다. 그러면서 나에게 큰 병원 어디 갈 데가
있냐고 물었다. 나는 지인 중에 의사가 없고 큰 병원에
아는 사람이 없다고 했다. 그랬더니 자기 병원에서는
해결이 안 된다며 그럼 자기가 알아보겠다고 했다.
즉시 전화를 걸었다. 그리고 윤이를 간단히 보고,
다시 나만 따로 부르더니 "OOO 교수가 받아주기로
했다"면서 소견서를 써줄 테니 지금 즉시 국립암센터
응급실로 가서 OOO 교수와 통화했다고 말하라고
했다. 살이 떨리기 시작했다. 정신없이 수납을 하고
소견서를 받아들고 윤이를 태우고 암센터로 향했다.
아이 엄마에게 연락을 하고 암센터 응급실에 들어갔다.
전공의가 오더니 이것저것 문진을 상세히 했다. 내가
뭐가 의심되냐고 묻자 백혈병이라고 했다. 살 수 있냐고
했더니 통계적으로 80퍼센트가 산다고 했다.

이날 하루는 정신이 하나도 없었다. 코로나로 상주

보호자 한 명밖에 있을 수 없다고 해서, 아이 엄마에게
인계를 하고 나왔다. 병원 로비에 앉아 있는데 울음이
나왔다. 혼자서 엉엉 울다가 부끄러워서 울면서 차로
갔다. 차 안에서 다시 엉엉 울면서 아버지에게 전화를
걸었다. 잠시 후에 아버지인지 어머니인지 누나인지
기억나지 않는데, 누군가 내게 전화를 걸어서 정신을
차리라고 했다. 정신줄을 놓지 말라고 했다. 나는
집으로 돌아왔다. 화장실 세면대에는 코피의 흔적이
여전했고, 차에서 윤이 코를 틀어막았던 수건 두 개는
피에 젖어 있었다. 화장실 청소를 하고 샤워를 하고
밥을 먹는 중에, 전화가 왔다. 윤이 수혈할 피가
필요하단다. 내일까지 네 명이 헌혈을 해야 한단다.
먹던 밥을 다 버리고, 정신없이 사방에 연락을 취하기
시작했다. 그리고 필요한 짐을 싸서 다시 병원으로
향했다. 피는 한 팩을 구했다. 아이 엄마가 윤이 곁을
지키고, 나는 밤이 되어 집으로 와서 잤다.

나와 남편, 그리고 윤이, 우리 셋의 삶을 송두리째 바꾼 사건은
그렇게 느닷없이 도둑처럼 찾아왔다. 6월 3일 금요일, 회사에
있던 나는 통영 맛집을 검색 중이었다. 현충일까지 이어지는
3일간의 연휴에 통영으로 짧게 가족여행을 다녀올 예정이었다.
아침 미팅 중에 놓쳤던 남편의 카톡에 계속 신경이 쓰였지만
큰일 아닐 거라 믿었다. 윤이는 며칠 전부터 컨디션이 좋지
않았다. 하지만 워낙 코피가 자주 나는 아이라 이번에도
과속방지턱 넘듯 무탈하게 지나갈 줄 알았다.

인터넷의 수많은 맛집 정보에 질려갈 즈음 아이 아빠에게 전화가 왔다. 다급하다기보다 지나치게 차분하고 무거운 목소리에 더 겁이 났다. 항공권이고 호텔이고 전부 취소하고 국립암센터로 오라고 했다. 아무 정보도 알려주지 않았지만 암센터라는 말 한마디에 정신이 아득해졌다. 이후 많은 사람들이 그때 대체 무슨 정신으로 여의도에서 일산까지 운전해서 갔냐고 물어보는데 나는 지금도 매우 정확하게 그날의 그 길을 기억한다. 아직 운전이 서툰 내가 제법 능숙하게 추월하며 질주했던 올림픽대로의 전경, 가로수 가지치기 작업으로 바깥 차로를 막아뒀던 일산 진입로 초입, 눈물이 시야를 가려 우회전을 두 번이나 놓치고 직진만 했던 마두동 교차로까지.

병원은 잘 조성된 주택단지 인근에 있었다. 이전부터 눈여겨봤던 주택가였고 병원의 존재와 위치도 알고 있었지만 이 병원을 내가 이용하리란 생각은 단 한 번도 하지 못했다. 헐레벌떡 응급실로 달려갔는데도 당장 아이 곁으로 갈 수 없었다. 상주 보호자로 등록하고 코로나 검사를 마친 후, 현재 응급실에 머무르고 있는 보호자와 확실한 절차에 따라 교대하라고 했다. 코로나 검사비 사전 납부도 필수였다. 응급실 자동문이 열릴 때마다 오가는 사람들 사이로 아이와 아이 아빠의 모습이 언뜻언뜻 보였다. 문이 세 번째 열렸을 때 윤이가 나를 발견하고 손을 흔들었다. 어깨에 걸쳐진 아빠 바람막이가 풀썩 내려가며 작고 가는 어깨가 드러났다. 어젯밤 내가 입힌 빨간 체크무늬 잠옷 그대로였다. 코로나 검사비 4,700원도 재까닥 내고 병원에서 하라는 것을 다했는데도 눈앞의 아이에게 갈 수 없었다. 무성의한 응대에 신경질로 맞섰더니 그제야 응급실

출입이 가능했다. 윤이는 어느새 처치실 침대에 누워 있었다. 처참했다. 아이도, 아이 아빠도 집에서 허겁지겁 나온 티가 역력했다. 누구의 보살핌도 받지 못한 듯 행색은 꾀죄죄하고 말은 어수선했다. 응급실 담당의가 아빠를 대신해 내게 이것저것 묻기 시작했다.

얼마 지나지 않아 발끝부터 정수리까지 순식간에 죄책감이 차올랐다. 출생 당시 몸무게나 아이의 평소 병력은 자신 있게 답했다. 내심 뿌듯했다. 하지만 그때뿐이었다. 아이 몸에 평소 멍이 자주 드는 편이었는지, 근래 배가 부풀진 않았는지 묻는데 내가 들어도 답이 궁색했다. 나를 닮아 멍이 잘 드는 체질이라고 여겼다거나 원래 종종 그랬다고 말하자니 하나뿐인 딸에 대해서 잘 모르는 엄마 같았다. 어떤 질문에는 얘가 과연 그랬었나 싶어 대답하기도 어려웠다. 나의 병력과 가족력을 묻는 질문에 지나치게 소상히 답하는 모습은 꼭 알리바이를 항변하는 용의자 꼴이었다.

검사를 위해 아이의 금식 여부를 묻기에 당연히 아침부터 아무것도 안 먹었다고 했는데 옆에서 가만히 듣고 있던 윤이가 아니라고 했다. 첫 번째 병원에서 나와 다음 병원으로 간 다음 아빠랑 돈가스를 먹었다고 했다. 부녀가 저 꼴로 늦은 아침에 돈가스를 시켜 먹었을 모습을 생각하니 가슴에 벽돌이 얹힌 듯했다. 하필 오늘 나는 회사일로 새벽부터 나온답시고 둘이 아침에 먹을 만한 것을 전혀 준비하지 못했었다. 그렇게, 하필이면 가장 준비되지 않았을 때 생애 최악의 불운이 찾아왔다.

그날 윤이의 백혈구 수치는 20만 마이크로리터였다.
정상 범위는 4천에서 1만이다. 윤이 몸속에서 대체 무슨 일이
벌어지고 있는 걸까. 거짓말을 할 줄 모르는 숫자를 듣고도
믿을 수 없었다. 어디가 어떻게 아프고 불편한지 가늠조차 할
수 없었다. 흔히들 겪는 장염이나 급체, 편도선염, 골절 등과
전혀 다른 이 낯선 질병에 맞서 윤이를 당장 어떻게 보살펴줘야
할지 막막했다. "당장 진단하기는 어렵지만 혈액 수치만 봐도
윤이 골수에 뭔가 단단히 문제가 생긴 건 분명합니다." 문진을
마친 의사가 조심스럽게 일러줬다. 확신에 찬 말투가 아니어서
고마웠다. 하지만 백혈병이 맞을 것이다. 차라리 명확한 편이
낫다. 이렇게 아프고 증세가 심상치 않은데 백혈병도 아니라면
그것이 더 큰 문제 아닌가.

윤이는 비좁은 처치실에서 바로 수액을 맞기 시작했다. 급한
대로 백혈구 수치를 낮추기 위해서였다. 곧 주치의를 만났다.
처치실에 아이를 남겨두고 나만 밖으로 나가 직접 진단을
들었다. 윤이는 백혈병이 맞았다. 정확한 아형을 곧 판명하겠지만
위중한 상태라고 했다. 눈앞이 캄캄하다는 관용어구를 생애 처음
문자 그대로 실감했다. 폭우가 내리는 한밤에 갑자기 집 밖으로
쫓겨난 기분이었다. 당연히 우리 셋 누구도 우산을 갖고 있지
않았다.

늦은 저녁, 다행히 소아병동에 자리가 나 응급실을 벗어날
수 있었다. 윤이가 워낙 위급한 상황이었기에 가능한 일이었다.
나중에 알고 보니 환자가 원할 때 '큰 병원'에 병상이 척척 나는
일은 거의, 아니 사실상 없다. 윤이는 여전히 잠옷 바람으로, 나는

14

블라우스에 슬랙스, 힐까지 신은 채로 2인실에 들어섰다. 잠도 자고, 둘러앉아 포커도 쳤다던 오리엔트 특급열차가 이랬을까. 머릿속으로 상상만 하던 대륙횡단열차 침대칸 같은 모습이었다. 한 명이 겨우 누울 좁은 침상과 그 옆의 바특한 보호자 공간이 우리 몫이었다. 침상과 침상 사이를 칼같이 가르는 커튼은 픽셀 단위로 공간을 구획하듯 매정했다. 우리를 둘러싼 세계가 이렇게 한순간에 쪼그라들었다.

그래도 고요하니 한결 쾌적했다. 무엇보다 사람을 불안하게 만들던 응급실의 각종 기계음과 신음, 짜증 섞인 말소리가 차단되니 살 것 같았다. 피곤할 법도 한데 윤이는 잠도 안 자고 말간 눈으로 나를 쳐다봤다. 침상도 작았지만 거기 누운 아이 몸은 더 작았다. 12월생이라 또래보다 늘 반 뼘은 작은 아이였다. 레이저 불빛을 따라다니는 고양이처럼 아이는 눈으로 쉼 없이 나를 좇았다. 낯설어 두렵고, 어른들이 심각해서 더 무서운 병원에서 엄마까지 시야에서 놓치면 안 될 것 같았나 보다. 가끔씩 아주 작게 '엄마' 하고 불렀다. 완전금식을 유지해야 하니 물도 한모금 줄 수 없었고, 이제 곧 집에 갈 거라고 말해줄 수도 없었다. 아이 앞에서 눈물은커녕 슬픈 표정 한 조각도 내비칠 수 없었다. 마스크를 끼고 있어 그나마 다행이었다. 사실 윤이는 내 눈썹과 미간만 보고도 내 기분을 안다. 그날도 윤이는 아마 너무 잘 알았을 것이다.

겨우 잠든 아이의 숨소리가 고른지 확실히 듣고 나서야 핸드폰을 열었다. 아이 아빠는 윤이에게 수혈할 피를 구했다고 했고, 소식을 급히 알린 직장에서도 답이 와 있었다. 회사

걱정은 말고 침착하게 대처해라, 아이한테만 집중하라고 했는데
도저히 침착할 수 없었다. 아이에게 집중하면 집중할수록 더
초조해졌다. 가족, 친구, 동료 누구든 아는 사람의 목소리를 듣는
순간 대성통곡을 할 것 같아서 전화를 받지도 못했다. 차분하게
생각을 정리해야 하는데 현실을 인정하기도, 상황을 인식하기도
쉽지 않았다. 등 떠밀려 올라탄 이 열차는 대체 어디로 가는 걸까.
언제쯤 내릴 수 있을까.

　　집에 들렀던 남편이 급하게 챙겨 온 입원 물품을 받았다.
하나하나 정리하다 보니 그제야 우리 처지를 실감했다.
갑작스러운 재난으로 인근 체육관에 텐트를 쳐야 하는 이들의
심정을 알 것 같았다. 남편은 그날 밤 당장 내가 입을 옷으로 실크
혼방 니트팬츠를 가져다주었다. 리조트에서 멋 부리기 위해 산
와이드팬츠, 매번 드라이크리닝을 맡겨야 하는 실용성 제로의
옷이다. 윤이가 아프지 않았어도 내게는 불필요한 옷이었을
것이다. 자기 소유의 요트 갑판 위에서 샴페인 마실 때나
어울리는 옷이랄까. 남편은 옷장을 채우고 있는 요란한 색깔의
요가 레깅스와 정장 슬랙스, 색깔마저 똑같아 보이는 청바지들
중에 대체 뭘 가져가야 할지 한참 고민했을 것이다. 그나마 통이
넓고 소재도 부드러우니 병원에서 입기 적격이겠다 싶어 챙겼을
남편의 마음이 읽혔다. 역시 우리는 재난에 맞설 준비가 되어
있지 않았다.

　　별수 없이 직접 집에 다녀와야겠다 싶었다. 꼭 필요한 짐이
있어 집에 잠시 다녀오겠다고, 아빠랑 잠깐만 교대하겠다고
했다. 아이가 작은 손으로 내 블라우스 앞섶을 꼭 잡고 말했다.
울음을 애써 참는 것도 아니고, 징징거리며 응석을 부리는 것도

아니었다. 귓가에 겨우 와닿는 작은 소리였지만 그 어느 때보다 절박하고 간곡했다. "엄마, 가지 마. 제발 교대하지 마. 나랑 있어."

그 순간 나는 알았다. 내 인생 최대의 도전에 직면했다는 것을. 워킹맘이라는 이유로 지금껏 정면승부를 피해왔던, 엄마로서의 삶에 대한 단호한 요구를 비로소 아이에게 직접 들었다. 결국 나는 비싼 니트팬츠를 입고, 간병인 베드에 앉아 윤이 곁에서 밤을 보냈다. 윤이가 자다가 내 곁을 떠날까 봐, 다음 날 다시는 눈을 뜨지 못할까 봐 무서워서 나는 밤새 눈을 감지 못했다.

아무런 준비도 없이 병원에서 이틀을 보낸 후, 드디어 집에 다녀올 수 있었다. 오늘만 빼고 이제 다시는 자리를 비우지 않겠다고 아이와 굳게 약속한 후 집에 들렀다. 병원에서 생활을 하자니 필요한 것이 너무 많았다. 남편에게 원격으로 부탁하기는 곤란한 일들도 처리해야 했다. 무엇보다 마음껏 울 수 있는 곳이 절실했다. 병원에 도착한 이후, 한 번도 제대로 울지 않고 참았다. 조심스럽게 향후 일정을 알려주는 소아병동 전문 간호사 선생님 앞에서 주책맞게 울다가도 당장 수혈용 피를 구해야 하는 식이었다. 데우지도 못한 삼각김밥을 서둘러 먹는 것처럼 목에서 치미는 울음을 고대로 꿀꺽 삼켜야 했다.

남편에게 윤이를 인계하고 서둘러 집으로 향했다. 현관문을 열자마자 다리가 풀렸다. 겨우 거실에 들어서니 익숙한 냄새가 훅 끼쳤다. 집에 가면 따뜻한 물에 제대로 샤워도 하고 푹 쉬라며 남편은 식탁 위에 와인잔과 피노누아, 와인 따개까지 올려두었다.

끝내 마시지 못했지만 같은 편의 존재를 다시 확인한 것만으로도 위안이 됐다. 그러나 짧게나마 푹 쉬고 기운을 잔뜩 충전해서 돌아가겠다던 야심과 달리, 이내 나는 무너졌다. 집 안 곳곳에 보이는 아이의 사진, 아이가 만든 작품, 서툰 글씨로 써준 편지 등이 나를 붙들고 흔들었다. 윤이의 부재에 완전히 압도되고 말았다. 평소에는 아이의 존재감이 집을 완전히 장악했다고 느꼈다. 내 공간, 나만을 위한 공간은 어디에도 없다며 푸념하던 곳이었다.

혹여 놓치는 게 있을까 봐 목록을 하나하나 지워가며 짐을 챙기고, 눈물인지 수돗물인지로 샤워를 한 후, 억지로 눈을 감고 잤다. 그 와중에도 배는 고프고 와인 한 방울 없이도 잠은 왔다. 기계적으로라도 체력을 회복시켜야 한다는 생각뿐이었다. 감상에 젖어 있기에 윤이는 너무 아프고, 내게 주어진 시간은 너무 짧았다. 압축을 푼 진공팩이 안방 한편에 그대로 쌓여 있었다. 얼마 전 꺼내놓기만 하고 아직 걸어두지 못한 여름옷들이 팩 안에 그득했다. 아마도 저 옷들 대개는 접힌 채 그대로 다시 봉해져 드레스룸 깊숙이 수납될 것이다. 올여름 나는 면티셔츠와 운동복 바지 몇 벌이면 충분할 테니까. 윤이의 여름옷 운명은 더욱 기구하다. 올해 입지 않으면 작아져 다시 못 입을 새 옷이 가득한데 주인을 만날 기회조차 없다. 당분간 윤이에게는 오직 환자복만 허용될 테니까.

아이가 병원에 오래 입원한다면 대체 무엇이 필요할까. 아무리 철저하더라도 이런 걱정까지 미리 하며 준비해두는 엄마는 없다. 언제 발발할지 모를 전쟁에 대비해 약간의 금과 달러까지 집에 챙겨두는 나조차 이런 경우는 상상하지 못했다. 수전 손택의 유명한 비유처럼 우리 모두는 건강의 왕국과 질병의 왕국의 이중국적자다. 하지만 질병의 왕국으로 이주할 때 필요한 준비물에 대해서는 아무도 알려주지 않는다. 전 세계를 휩쓴 코로나19로 언젠가 질병의 왕국에서 사용할 본인의 여권을 한 번씩 들춰본 것이 그나마 다행일까. 포스트 코로나 혹은 영원히 지속될 것 같은 코로나 시대에는 느닷없이 질병의 왕국으로 이주할 이들을 위한 기본 매뉴얼이 절실하다.

아픈 아이뿐 아니라 아이를 돌볼 내가 쓸 것도 이참에 챙겨야 했다. 이것저것 필요한 것이 많은 너절한 일상에 절로 한숨이 났다. 때마침 화장대 거울에 붙여둔 아이의 편지가 눈에 들어왔다. 모서리를 맞추지 못하고 비뚤게 두 번 접은 색종이에 연필로 하트를 그려 넣은 짧은 메시지였다. 맞춤법도 적잖게 틀렸다. '엄마 늦께와서 꼴등이어도 괜찮아요 사랑해요.' 윤이가 유치원에 다닐 때 내게 준 수많은 편지 중 하나였다. 유치원을 다닐 때부터 늘 방과후 과정까지 꽉 채워 들었던 윤이는 매일 꼴찌로 하원했다. 퇴근길에 부랴부랴 유치원에 들어서면 텅 빈 신발장에 우리 아이 신발만 덩그러니 놓여 있었다. 어쩌다 내가 하원 시간을 맞추지 못하면 퇴근 준비를 마친 선생님 손을 잡고 잠긴 유치원 문 앞에서 나를 기다렸다. 집에서 자신을 기다릴 자녀들 생각에 마음이 급했을 선생님이 그날도 윤이 손을 변함없이 다정하게 잡아주었을까? 잘못한 것이 없는데도 자신을 돌보는 어른들 눈치를 자꾸만 봐야 했을 아이. 그래도 윤이는 늘 괜찮다고 했다. 엄마 회사일 다 끝났으니까 이제부터 신나게 놀자고 했다. 지금보다 훨씬 작았던 아이 손을 잡고,

아이 발걸음을 따라 보폭을 줄여 유치원 문을 나섰던 그날들이 떠올랐다. 오늘도 나는 머뭇거릴 시간이 없다. 엄마가 이번엔 늦지 않게 갈게. 네가 더 기다리지 않도록 얼른 갈게.

윤이는 B세포 급성림프모구성백혈병(ALL) 이었다. 전체 소아암 중 약 35퍼센트의 비율로 가장 많이 발병하는 암이 소아백혈병이다. 소아백혈병은 크게 급성과 만성으로 나뉘고, 문제가 생긴 조혈모세포의 계통에 따라 다시 림프모구성과 골수성으로 분류한다. 그중 예윤이가 걸린 급성림프모구성백혈병은 림프모구 세포가 미성숙한 백혈구를 혈액 내에 끝없이 만들어내며 발생하는 혈액암으로 소아백혈병 중에서 가장 흔한 유형이다. 전체의 75퍼센트 정도 된다고 한다. 한해 약 1,400명의 아이들이 소아암 진단을 새로 받는다고 하니 백혈병에 걸리는 아이들은 1년에 300~400명 내외로 추산된다. 우리나라의 경우, 15세 이하 어린이 10만 명당 남아는 3~4명, 여아는 1~2명이 걸린다고 한다. 너무 희박한 확률이라 현실적으로 가늠조차 되지 않았다. 장난 삼아 올린 영상이었는데 자고 일어나니 유튜브 스타가 될 확률 정도일까? 가볍게 뒷산에 올랐다가 벌에 쏘여 생명이 위태로워질 정도의 확률쯤 될까? 그런 일이 일어날 수 있다고 알고는 있었지만 정작 내 일이 될 것이라고는 한번도 생각지 못했던 사건 앞에서 확률과 통계는 무의미하다.

결국 중요한 것은 생존율이었다. 발병은 내가 어찌할 수 없는 운과 확률의 문제지만 생존, 혹은 완치는 적어도 인간이 일부 개입할 수 있는 영역이다. 내가 소아청소년이었던 90년대 초반만 하더라도 55퍼센트에 불과했다던 소아암 5년 생존율은 현재 80~85퍼센트까지 올라갔다. 한국의 치료 성적은 특히 우수한 편이라 완치율 90퍼센트까지도 언급되지만 달리 말하면 사망률이 10~20퍼센트라는 것이다. 소위 말하는 초고위험군, 예후가 좋지 않은 경우, 열 명 중 한두 명의 아이들은 하늘의 별이 되고 만다.

사망률, 나는 그 가능성을 처음부터 아예 머리에서 지웠다. 윤이는 진단받을 당시 이미 미성숙한 백혈구 수치가 최고 20만으로 다른 환아들 대비 매우 높은 축에 속했다. 고위험군으로 분류하는 예후인자 중 하나였다. 만 10세 미만이라 다행이라고는 했지만 필라델피아 염색체 양성 등 추후 이상 염색체가 확인되면 다시 고위험군으로 분류된다고 했다. 사망률도 염두에 두고 매사에 신중하게 처신하는 것이 합리적인 태도였을지 모른다. 그러나 10~20퍼센트의 불운을 떠올리는 순간, 나를 둘러싼 세계가 일제히 붕괴하기 시작했다. 말 그대로 발 딛고 멀쩡히 서 있는 것이 불가능할 정도였다. 아이와 나를 지키려면 저 잔인한 가능성은 의도적으로 배제해야 했다.

'희망'(hope)이란 단어가 천년 전 영어에 처음 등장했을 때는 지금과 달리 소망뿐 아니라 '확신'도 결합한 의미였다고 한다. 우수한 신경외과 레지던트로 살다 느닷없이 폐암 판정을 받았던 폴 칼라니티가 그랬다. 본인 스스로가 뛰어난 의사이자 인문학자였던 그는 자신의 생존율과 완치율을 추정할 수 있는 여러 통계 자료를 굳이 해석하지 않았다. 의학 통계는 평균 생존기간 같은 일반적 수치를 나타내기도 하지만 신뢰수준, 신뢰구간, 신뢰한계 등의 도구를 이용해 수치에 대한 우리의 신뢰도도 함께 측정하기 때문이다. 대신에 숫자는 그저 숫자에 불과할 뿐이라는 깨달음을 얻었다. 그의 말마따나 우리는 과연 암환자의 생존곡선을 패배, 비관, 현실, 희망, 망상 등의 영역으로 나눌 수 있을까? 암을 진단받은 모든 환자와 보호자는 그 숫자가 어떻든 생존확률에 기꺼이 희망을 걸고 할 수 있는 모든 것을 한다.

그러므로 의학 지식이나 최신의 통계치는 내게 진짜 위안을 주지 못한다. 만약 그 최신의 정보가 오히려 희망보다는 절망을 직시하라고 권고한다면 나는 과연 받아들일 수 있을까? 결국 내가 수용하지 못하는 것은 윤이를 포함해 모든 인간은 죽는다는, 반드시 참인 명제 아닌가? 그렇다면 생존율 80퍼센트는 당장의 나에게는 큰 의미가 없는 정보다. 정색하고 죽음을 정면으로 응시하며 지나친 비관에 젖는 것 또한 전혀 도움이 되지 않는다. 나는 소망과 확신 둘 다를 의미하는 '희망'에 모든 것을 걸고 있다. 의사들의 말대로 아무것도 확신할 수 없다면 완치를 생각하는 것이 그나마 도움이 된다. 그렇게 생각하지 않으면 지금 내가 할 수 있는 것이 사실 아무것도 없기 때문이다.

한편 죽음은 굉장히 어처구니없는 일이기도 하다. 방금 전까지 내 옆에서 숨 쉬고, 익숙한 목소리를 내던 이가 한순간 마법처럼 증발한다. 세상을 떠난 이의 스틸사진보다 그가 남긴 음성 녹음이나 영상이 더 사무치는 이유도 여기에 있을 것이다.

가족이나 친구의 죽음을 경험한 이들이 삶의 무의미, 운명의 불합리, 신의 잔혹함을 외치는 것도 당연하다. 현대사회에서 여기 암병동만큼 죽음이 상존하고 실재하는 곳이 또 있을까? 물론 있다. 우리가 병원에 있는 동안에만도 우크라이나 전쟁과 이태원 참사, 튀르키예 강진이 일어났다. 죽음은 도처에 있다.

어찌됐든 좋은 기회다. 이참에 윤이와 함께 사람은 왜 사는지, 인생의 의미를 어디에서 찾을 수 있는지 생각해볼 것이다. 그리고 우리는 언제 무엇을 할 때 행복한지도 느끼고 기억해둘 것이다. 나뿐 아니라 윤이에게도 필요한 일이다. 초등학교에 입학하던 해, 윤이가 갑자기 사람은 대체 왜 살아야 하는지 물었었다. 지역축제에서 윤이가 직접 잡아 온 금붕어 금동이, 홍동이가 네 달 만에 죽었기 때문인지, 이제 학생이 됐으니 연산 문제집을 매일 풀어야 한다는 의무를 부여받고 든 반감 탓인지, 애니메이션 「신비아파트」의 영향인지는 알 수 없지만 갑작스럽고 진지한 질문에 적잖이 놀랐다. 이제는 답을 해줄 수 있을 것 같다. 아니, 함께 답을 찾아봐야겠다는 생각이 든다.

내가 정말 좋아하는 올리비아 벤슨 경위(미국 드라마 「로 앤 오더」[Law and order: SVU]의 주인공)가 말했듯 하늘이 무너져도 좋은 일이 있다. 우주가 또렷이 보인다는 것. 비록 절망스러운 처지이기는 하나 우리는 살아남을 것이다. 그뿐이랴. 다른 사람들은 감히 접근하지도 못한 세계를 구석구석 탐색하며 우리만의 답을 찾아올 것이다. 역시, 올리비아는 정말 멋지고 똑똑한 여자다. 나도 윤이도 그렇게 돼야지.

본격적인 치료를 위해 소아병동에서 무균실로 옮겼다. 면역력이 현저히 떨어진 윤이를 일체의 감염 위험에서 보호하고 좀 더 신속하고 집중적인 처치를 받을 수 있는 병동으로 가게 된 것이다. 이미 윤이는 응급실에서부터 엄청난 양의 수액을 콸콸 맞았고, 백혈구 분반술(성분채집술)도 두 번이나 받았다. 효과를 보기까지 시간이 걸리는 항암치료에 앞서 당장 백혈구 수치를 떨어트려야 했기 때문이다. 혈액 내 백혈구 수치가 높으면 혈전이나 혈관 파열이 발생할 수 있는데 이로 인해 뇌출혈이라도 생기면 사망에 이를 수 있다고 했다. -하면, -하면의 끝이 결국 사망이라니, 아찔했다.

긴급조치로 시행한 백혈구 분반술은 처치 광경도, 효과도 드라마틱했다. 우선 오른쪽 쇄골 부근 중심정맥에 스무디를 먹을 때 쓰는 빨대만큼이나 굵은 호스 두 개를 연결한다. 이어 커다란 혈액성분채집기가 등장해 한쪽 호스를 통해 윤이의 혈액을 빨아들인 후 백혈구만 걸러서 다른 호스로 피를 다시 돌려준다. 채집기는 큰 도서관에나 있는 마이크로필름 판독기를 닮았는데 헌혈의집 한번 간 적 없던 나는 채집기를 처음 보고 저게 과연 사람에게 쓰는 기계인가 싶었다. 큼직한 호스밸브를 며칠이나 목에 달아두었던 윤이는 처치를 다 받고도 열흘가량 한명회처럼 고개를 모로 꺾고 지냈다.

그리고 드디어 1차 관문인 관해유도요법이 시작됐다. 관해유도요법은 말 그대로 환자를 관해 상태로 이끌기 위해 암 진단 직후 가장 먼저 시행하는 항암 화학요법이다. WHO의 정의에 따르면 완전관해는 "임상적으로 계측, 평가 가능한 병변이 모두 사라지고, 새로운 병변(암 세포)이 보이지 않는 상태가 4주 이상 지속된 상태"를 말한다. 목표인 완전관해에 이르려면 윤이의 골수 내 아세포(blast)가 5퍼센트 미만이어야 하고 혈액 내에서도 백혈병 세포가 보이지 않아야 한다. 진단받을 당시 윤이의 아세포는 무려 91퍼센트였다.

사실 '관해'(remission)는 선뜻 목표로 삼기엔 너무 낯선 단어였다. 목표라면 응당 기합을 넣기 좋게 달성, 합격, 통과, 수상이라든가 결연한 의지를 다질 수 있도록 퇴치, 철폐, 규명 등의 말을 써야 할 것 같은데, 관해라니 생소하기 그지없었다. 대학 때 처음 나간 집회에서 들었던 노동탄압 '분쇄'라는 말만큼이나 낯설고 부자연스러웠다. 목표도 명확히 이해하지 못했는데 과연 잘할 수 있을지 불안이 엄습했다. 그러나 이때만 해도 몰랐다. 그렇게 한 달이 지나고, 반년이 흘러도 여전히 모르는 것투성이에 계획은 늘 불확실성과 함께한다는 것을. 윤이를 돌보는 내내 오직 유일하게 지속된 것은 변화뿐이었다. 이제 좀 안정됐다고 숨을 돌리려는 순간, 예측 불가능한 변화가 찾아온다. 아이의 증상, 부작용, 나의 건강과 재정 상태 등등 무엇이 됐든 느닷없이 불편한 변수가 생기고 다시 출발선에 선 듯한 낭패감을 맛보게 된다.

어쨌거나 무균실 입성은 긴 여정의 출발을 알리는 확실한 신호탄이었다. 일단 공간 자체가 잠수함이나 우주선을 연상시키는 덕에 절로 마음을 다잡게 됐다. 지은 지 얼마 안 된 산뜻한 신관의 소아병동에 있다 와서 더욱 그랬을 것이다. 새로 단장한 브랜드 호텔은 아니지만 한곳에서 오래 영업해온 관록의 온천장 같다고나 할까. 퍼실리티도, 세련된 인테리어도 없지만 집중적인 보살핌을 받을 수 있다. 그리고 놀라울 정도로 깨끗하다.

무균실에 들어가기 위해서는 숙지해야 할 주의사항과 약속해야 할 규정이 많았다. 별도의 오리엔테이션을 간략히 받아야 할 정도였다. 반입물품도 철저히 제한했다. 먼지나 진드기 위험이 있는 인형이나 개인 침구류는 가져갈 수 없고, 로션도 부패 방지를 위해 크림형이 아닌 펌프형만 쓸 수 있다. 무엇보다 먹거리를 철저히 제한하는데 낱개로 진공포장된 스낵류와 캔통조림 정도만 들고 갈 수 있고, 살균 혹은 멸균처리가 확인되지 않은 식품은 일체 반입 불가였다. 그럴 만한 이유가 있다는 것은 무균실을 실제 겪어보고서 알았다. 무균실에서 치료받는 환자들은 조혈모세포 이식을 앞두고 있거나 막 마친 경우가 대부분이다. 신생아 수준, 혹은 그보다도 면역력이 낮기 때문에 철저한 관리와 지나칠 정도로 위생적인 환경이 필수다. 포도껍질에 핀 곰팡이 때문에 폐렴을 앓게 되기도 하고, 입술 각질을 뜯다 난 피가 멈추지 않아 응급상황에 처하기도 하기 때문이다. '위기탈출 넘버원'이 실화가 될 가능성이 매우 높은 곳, 즉 일상이나 평범과는 아주 거리가 먼 곳이다. 우리 여정은 이렇게 비현실적으로, 흡사 SF 영화에 가까운 모습으로 시작됐다.

병원의 풍경에 익숙해지기란 쉽지 않다. 일반 병실에 익숙해질 만하니 무균실로 왔고, 무균실 구조가 눈에 익을 때쯤 수술장에 오게 됐다. 병원 로비부터 시작해 각 병동이나 입원실, 편의시설 어디든 두꺼운 카펫 같은 공기가 무겁게 내려 앉아 있다. 흘낏 보는 것만으로 비극이 감지되는 사람들이 셀 수 없이 많고, 눈물을 머금고 바라본 것처럼 축축하게 젖어 있는 광경이 도처에 즐비하다. 작은 몸에 주렁주렁 링거를 달고 자기 키의 두 배나 되는 수액걸이에 의지해 천천히 걸어가는 내 딸도 그중 하나다. 아이를 바라보는 연민의 시선이 억울하다.

침상에 누운 윤이와 병실로 돌아가는 길에 문병객인 듯한 가족을 마주쳤다. 우리를 보더니 복도 한편으로 비켜서며 침상이 지나갈 때까지 기다려줬다. 내 또래 여자가 윤이를 보고는 자기도 모르게 아이고 소리를 냈다. 윤이 또래 아이도 있었는데 반바지 아래로 드러난 종아리가 통통했다. 침상이 곁을 지나자마자 다다다 뛰어가는 다리를 보는데 또 질투가 났다. 그래도 눈물은 나지 않아 다행이었다.

무균실에 온 후 윤이는 더 어려졌다. 툭하면 보채고 자주 안아달라고 했다. 비좁은 병실침대에 둘이 누워 아이를 꼭 안고 있으면 8년 전 겨울, 산부인과로 돌아간 것 같았다. 그때와 똑같았다. 28도로 다소 덥게 설정해둔 실내온도와 완벽하게 조절되는 35퍼센트의 습도, 외부와의 접촉을 완전히 차단하는 환경이 일단 그랬다. 면역력이 떨어진 아이를 위해 신생아용 물티슈와 멸균 면봉을 늘 곁에 두고 있어야 했다. 골수검사 후 오래 누워 있어야 하니 기저귀도 필요했다. 두어 번만 빨아도 가장자리가 쪼글쪼글해지는 순면 가제 수건까지, 영락없는 출산 직후 풍경이었다. 고요한 모자동실에 둘이 있으면 세상에 우리 둘뿐인 것 같았다. 아이는 지나치게 약하고 천진했다. 나는 강해져야 한다는 압박을 그 어느 때보다 심하게 느꼈지만 지친 몸은 쉽사리 회복되지 않았고 여전히 불편했다. 그때의 내가 다시 호출됐다.

하지만 무균실은 산부인과가 아니다. 아픈 아이의 엄마는 산모가 아니다. 환자가 아닌 보호자는 자기 존재를 드러낼 수 없다. 보호자에게 무균실은 정말 고통스러운 곳이었다. 좁고 덥고 축축한 어항 속에 있는 느낌이다. 이코노미석에 앉아 영원히 비행하는 벌을 받는 것 같기도 했다. 6월 중순이라 더 그랬을 것이다. 통풍 따위는 전혀 고려하지 않은 소재의 항균복과 헤어캡도 모자라 마스크에, 양말까지 24시간 착용해야 했다. 보호자는 무균병동 바깥의 보호자 휴게실 외에서는 음식은커녕 물도 마시지 않는 것이 원칙이었다. 당연히 화장실과 샤워실도 무균실 바깥에 있는 보호자용만 이용해야 했다. 옹색한데다 무균실에 비하면 불결한 화장실의 상태는 더 말할 것도 없었다. 피할 수 없는 고통이고 바뀔 리 없는 조건이니 그냥 감당하려고 했지만 쉽지 않았다. 나는 본디 긍정적이고 낙천적인 유형의 사람이 아니다.

대신 요즘 유행하는 자기계발서 식의 논리를 적용해보기로 했다. 마인드셋으로 이곳을 새롭게 지어보는 것이다. 암병동 무균실이 아니라 '한여름에 찾은 그늘 없는 캠핑장'으로 하자. 실제로 병원에서는 마치 대형 캠핑장처럼 보호자 손목에 종이 팔찌를 채워줬다. 네임펜으로 입실일과 보호자 이름을 직접 써준 것 또한 캠핑장과 흡사해 더욱 도움이 됐다. 숯을 피워 바비큐를 좀 해야겠는데 가만히 있어도 덥고 줄줄 땀이 난다. 그래도 이왕 캠핑장에 왔으니 덥더라도 불은 피워야겠다. 화장실은 멀고 샤워실도 지저분하지만 불평하면 곤란하다. 이곳은 캠핑장이니까.

　문제는 아이였다. 혼자 뒀다가 침대에서 떨어지기라도
하면 큰일이기에 잠시도 곁을 떠날 수 없었다. 백혈병 환자들은
혈소판 수치가 굉장히 낮아 작은 상처에도 피가 멎지 않는다.
낙상으로 뇌출혈이라도 일어나면 비상이다. 침대 머리맡에
간호사 호출기가 있기는 했지만 아이가 제때 의사표현을
할 수 있을지 안심할 수 없었다. 항암치료를 시작한 후 언제
갑자기 나타날지 모를 부작용과 이상반응도 걱정됐다. 그러나
무엇보다 감은 눈을 다시 뜨지 못할까 봐, 혹시 모를 그 순간의
골든타임을 놓칠까 봐 잠을 잘 수도, 자리를 비울 수도 없었다.
제대로 씻는 것은 고사하고 먹지도 못하고, 화장실도 마음대로
못 가니 힘들지 않은 순간이 없었다. 침대 끝에 엉덩이를 걸치고
아이를 바라보며 그저 앉아 있었다. 그럴 때면 깎아둔 지 오래된
참외에서 나는 들큰한 내 땀 냄새가 훅 끼쳤다. 아이는 그런
품으로 파고들었다. 바르르 떨리던 작은 몸이 평온을 찾고 몸이
이완되는 게 느껴졌다.

　자기계발서는 역시 상술이다. 마인드셋은 영 효과가 없었다.
들어온 지 사나흘이 지나도 무균실에 쉽사리 적응되지 않았다.
항균가운, 헤어캡, 마스크를 노상 착용하고 있으려니 일상적인
활동도 어려웠고, 무균실의 빛은 24시간 꺼지는 순간이 없었다.
환자를 보호해야 하니 보호자에게 지나치게 부하가 걸리는
시스템이다. 반발심과 저항감이 들었다. 엄마니까 당연히
감수하기에는 너무나 벅찬 상황이었다. 물론 아이만큼 힘들지는
않았을 것이다. 지나온 삶이 너무 짧아 난생처음이라고 말하기도

어색한 어린이가 항암치료에 적응한다는 것은 사실 불가능하다. 그저 참고 또 참을 뿐이다. 무균실에 오기 전부터 하루에도 수차례씩 채혈을 하고 정맥주사를 맞느라 이미 윤이의 양쪽 손등과 팔꿈치 안쪽은 시퍼랬다.

결국 브래지어를 벗었다. 가장 효과가 좋았다. 수유를 하느라 반나체 상태로 집 안에만 갇혀 있던 그 시절의 나와 더 비슷해졌다. 나의 자유의지대로 움직일 수 없었던 그때와 지금의 고통도 일견 유사하다. 리베카 솔닛이 『이것은 누구의 이야기인가』에서 말한 "자신의 몸과 운명을 좌우할 수 없음에서 오는 무력감"을 문자 그대로 다시 체험하게 됐다. 또 하나 같은 점이 있다면 이 또한 다 지나가리라는 것이겠지.

윤이도 가슴에 케모포트를 삽입하기로 했다. 암 환자들은 항암제뿐 아니라 치료에 필요한 대부분의 약을 주사로 투여하기 때문에 보통 심장 가까이에 있는 굵은 혈관, 중심정맥에 관을 삽입한다. 매번 팔다리에 바늘을 찌르기도 힘들거니와 약물이 가느다란 말초혈관 밖으로 새기라도 하면 피부가 괴사할 위험이 있기 때문이다. 특히 혈액을 수시로 채취, 검사해야 하는 혈액암 환자들에게는 이 중심정맥관이 필수다. 밸브를 피부 밖에 달아두는 히크만 카테터를 쓰기도 하고 케모포트를 쓰기도 한다. 케모포트는 500원 동전 크기의 납작한 기구인데 피부 밑 피하지방층에 이식된다. 치료 중에는 여기에 주삿바늘을 꽂아 관을 연결하지만 사용하지 않을 때에는 피부 밖으로 드러난 것이 전혀 없어 일상생활에 지장이 없다. 애초에 케모포트를 삽입할 정도의 병에 걸린 사람이 과로하거나 격렬한 운동을 할 일이 없기도 하겠지만 가벼운 운동, 샤워는 할 수 있다.

포트를 삽입해야 항암치료를 시작할 수 있기 때문에
일정도 급하게 잡혔다. 수술실에서 전신마취를 하고 30분
가량 시술한다고 했다. 간단한 시술이었기에 크게 긴장되지는
않았지만 어린 아이에게 전신마취를 해야 한다는 점이 역시나
마음에 걸렸다. 아이에게는 오른쪽 가슴에 치료용 단추를 달아야
한다고 설명해줬다. 윤이는 무서워하면서도 더 이상 주사를
안 맞아도 된다는 점에 그저 안심하는 듯했다. 담당 전공의와
수술실 간호사들이 윤이를 데리고 수술장 안으로 들어갔다.
수술장 문이 열리자 한기가 훅 파고들었다. 전신마취가 필요한
수술을 한 번도 해보지 않았던 나는 그 너머의 세계를 전혀
모른다. 미디어로 봤던 모습 또한 당연히 도움이 되지 않는다.
서로를 견제하거나 사랑하는 의사들의 연극무대이거나 「심야의
외과병동」같은 제목을 달고 살인마가 활개를 치는 공포영화의
현장뿐이었으니 말이다.

떠밀리듯 밖으로 나오니 복도 모니터에 윤이 이름이
깜박거렸다. ○○윤, 7세, 준비 중. 수술이 시작되고 끝날
때 문자로 알림을 줄 테니 (자꾸 수술장에 기웃거리지 말고)
병원 안에만 있으라고 했다. 나만큼이나 심란한 표정을 짓고
서성대는 다른 보호자들 사이를 벗어나 1층에 있는 카페로 갔다.
아메리카노와 커피번을 시켜 먹었다. 오후 3시 40분이었는데
그날의 첫 끼였고 일주일만의 커피였다. 카페인과 탄수화물로
따뜻하게 배를 채우자 살 것 같았다. 당장 해야 할 일이 그제야
생각났다. 아이 아빠에게 메시지를 보내 수술 시작을 알리고 몇
가지 정보를 더 전해줬다. 물티슈, 생수 등 떨어진 물품도 온라인

주문했다. 남은 빵을 허겁지겁 입에 욱여넣고 올라가 다시
수술실 옆 회복실 근처에서 대기하기 시작했다. 다행히 얼마
지나지 않아 호출이 왔고, 10세 이하 어린이라는 점이 감안되어
보호자인 나도 회복실에 입장할 수 있었다.

회복실에 들어선 순간, 평생 잊지 못할 풍경에 잠시 숨이
멎었다. 거대한 홀에 빽빽하게 침상이 놓여 있었고, 수술 후
아직 의식을 회복하지 못한 환자들이 누워 있었다. 그 사이사이
산소호흡기, 심전도 기기의 가느다란 선이 환자들에게 촉수처럼
손을 뻗고 있었다. 내 딸도 강보에 싸인 갓난아기처럼 침대
하나를 차지하고 의식을 잃은 채 누워 있었다. 순간 나는 영화
「아바타」의 실험실 장면을 얼핏 떠올렸는데, 헤어캡과 마스크
사이로 눈만 내놓은 간호사들이 시고니 위버처럼 단호한 표정과
걸음걸이로 분주히 침상 사이를 오가고 있었다.

아이러니다. 이곳의 분위기는 어쩐지 그로테스크하고,
디스토피아의 전형적인 풍경 같기도 하다. 살기 위해 수술을 막
받은 이들이 모여 있는데 리비도가 아닌 타나토스가 이 공간을
채운 주된 정서다. 대형 상급병원의 수술이란 이런 것일까. 동네
정형외과에서 받은 무릎 반월판 연골 부분절제 시술이 고작인
나에게는 엄청난 충격이었다.

산소마스크에 아이의 날숨이 물방울로 맺혔다가
사라지는 모습만 하염없이 보고 있는데 전화가 왔다. 윤이가
피겨스케이팅을 배우던 아이스링크 사무실이었다. 왜 수업을
안 나오냐길래 말끝을 흐리며 좀 아파서 입원했다고만 했다.
그러자 다정한 위로의 말과 함께 진단서나 입원확인서를 메일로

보내주면 환불수수료 10퍼센트를 제하지 않고 6월 수강료 전액을 환불해주겠다고 한다. 카드 결제를 취소하면서 수수료 7,600원도 제하지 않겠다는 것이다. 공공기관다운 소박한 친절이자 배려다만 어지간한 슬픔이어야 이런 친절도 제 몫을 한다. 메일주소를 막 불러주려는 직원에게 더 길게 설명하지도 못하고 '괜찮습니다'만 연발하며 서둘러 전화를 끊었다. 상대의 배려에 오히려 성가시다는 내색을 숨기지 못해 미안했다. 하지만 그도 잠시, 여전히 쾌활한 모습으로 얼음을 지치고 있을 다른 아이들이 생각나자 금세 샘이 났다.

　골수검사 후 열흘 정도 지났을 무렵, 전공의가 병실로 찾아왔다. 정기 회진 시간이 아닌데 윤이 담당도 아닌 전공의가 바쁜 시간을 쪼개 굳이 왔다니 좋은 소식은 아닐 터였다. 아니나 다를까, 지난 골수검사 결과, 윤이에게 염색체 이상이 발견됐다고 했다. 필라델피아 염색체 양성이었다. 제발 아니기를 바랐는데. 윤이 담당의는 오늘 비번이지만 많이 궁금해하실 것 같아 자기가 대신 찾아왔다고 했다. 필라델피아 염색체에 대해서는 자세한 설명이 없었다. 백혈병 환아의 보호자라면 당연히 알고 있으리라고 생각했을 것이다. 실제 그랬다. 필라델피아라면 필리스와 와튼스쿨, 톰 행크스가 출연한 영화만 떠올리던 나도 지금은 필라델피아 염색체를 알고 있었다. 구글에 소아백혈병을 검색하면 한 시간 이내에 반드시 알게 되는 중요한 키워드다. 그리고 여기서 두 시간 정도 더 검색하다보면 필라델피아 염색체는 그 중요성에 비해 좀 성의 없이 붙여진 이름이라는 생각도 든다.

1960년, 필라델피아 대학교의 피터 노엘 교수와 대학원생 데이비드 헝거퍼드는 백혈병 환자들에게서만 발견되는 특이한 이상 염색체를 찾았다. 암세포가 이상 유전자에서 기인한다는 것을 시사하는 첫 발견이었지만 구체적 형태는 규명하지 못했다. 13년 후에야 시카고 대학의 유전학자 재닛 롤리가 9번 염색체의 꼬리와 22번 염색체의 꼬리가 뒤바뀐 전좌 현상을 밝혀냈다. 사실 재닛 롤리의 공헌을 생각하면 염색체의 이름에 시카고를 추가했어야 한다. 그 형태가 구체적으로 규명된 덕분에 백혈병 치료에 혁신을 가져올 신약 개발이 탄력을 받았기 때문이다. 마침내 1993년, 백혈병 환자들의 영웅 브라이언 드러커가 종양유전자가 활성화되지 못하도록 정확하게 조준해서 작용하는 약물, 즉 표적치료제 글리벡(Gleevec)을 만들어낸다. 암 치료의 패러다임을 바꿨다고 평가받는 이 '마법의 탄환'은 수십 년에 걸친 의과학자들의 헌신을 자양분 삼아 탄생했다. 그리고 지금까지도 글리벡 내성을 극복하기 위한 2세대, 3세대 신약이 지속 개발되고 있다.

윤이처럼 필라델피아 염색체 양성이면 재발 우려가 매우 높기 때문에 고위험군, 혹은 초고위험군으로 분류된다. 조혈모세포 이식처럼 강력한 치료법을 우선적으로 고려하기도 한다. 글리벡 같은 표적치료제도 다른 항암제와 함께 처치한다. 세상에, 글리벡이라니. 내가 대학에 갓 입학했을 때 "이윤보다 생명을"을 외치며 약가 인하 시위에 참여했던 바로 그 약이다. 그 옛날 데모에 나갔던 수혜를 20년도 넘게 지난 지금 이렇게 받게 되리라고는 상상도 못했다. 대학에 입학하자마자 선배들을 따라 시위 현장을 기웃거리는 나를 보고 "왜 남의 회사 파업에 감 놔라

배 놔라 참견이냐"며 걱정하던 아빠도 생각났다. 아빠, 남의 일에 참견했던 게 다 이렇게 돌아옵니다. 그리고 그때 나 데모 데리고 나갔던 선배랑 결혼도 했잖아요.

하지만 기적의 치료제 글리벡의 존재만으로는 안심할 수 없었다. 첩첩산중에 들어선 듯 막막하고 겁이 났다. 백혈병 보호자 카페에서 온종일 '필라델피아'만 검색했다. 다들 이식만이 답이라고 했다. 그러던 중 한 회원이 눈에 들어왔다. 같은 병명에 필라델피아 염색체 양성, 윤이보다 네 살 많은 남아의 엄마였다. 아예 그 회원이 쓴 글을 죽 따라가며 정주행하기로 했다.

첫 진단부터 집중 치료, 이어지는 유지·관리 기간까지 선배가 앞서 밟은 궤적을 따라가며 초행길 답사를 하기로 했다. 표적치료제 등 궁금한 내용들도 비슷할 터였다. 그 회원이 올린 첫 글부터 차례로 읽으려는데 마지막 게시물이 작년 10월이었다. 아이의 부고였다.
아무리 궁금해도 더 이상 카페를 검색하지 않기로 했다. 특히 아이의 예후나 향후 치료 스케줄 등을 섣불리 예측하는 것은 그야말로 시간 낭비였다. 필라델피아 양성이면 완치율이 얼마나 되는지, 이식 없이 항암치료만으로 종결할 수 있는지, 표적치료제인 다사티닙에 내성이 생기면 어떻게 되는지, 다른 사례를 숱하게 알아본다고 과연 내가 안심할 수 있을까? 일단 확증 편향을 심어줄 만큼 검색 결과가 많지도 않았다. 하루에 네 명이 소아암 진단을 새로 받는다고 하지만 이 중 필라델피아 염색체 양성인 급성림프모구성백혈병 환자, 이 중에 10세 미만의

여아, 또 이 중에 보호자가 치료 경과를 인터넷에 상세하게
공유한 경우가 얼마나 되겠는가. 이럴 시간에 아이랑
한 번이라도 더 눈을 마주치는 게 낫지 싶었다.

　다음 날, 오후 정기회진도 다 끝난 늦은 저녁에 윤이 담당
전공의가 다시 들렀다. 하루에도 세 번, 네 번 무균실까지 꼭꼭
찾아오는 전공의 A 선생님은 다정한 말투로 이미 윤이한테
점수를 왕창 딴 상태였다. 관해 치료를 시작한 첫날 그랬던
것처럼 천천히 그리고 친절하게 골수검사 결과와 그에 따른
치료 방향에 대해 설명해주었다. 이제는 필라델피아 양성이라고
무조건 나쁜 예후라 보지 않는다고 했다. 오히려 다사티닙 같은
표적치료제의 사용으로 항암효과를 더 크게 보는 경우도 많다며
너무 걱정하지 말라고 했다. 정말이지 그 말 한마디를 꼭 듣고
싶었다. 그제야 비로소 안심할 수 있었다. 내가 안정을 찾으니
윤이도 웃었다. 선생님은 또 점수를 잔뜩 얻고 돌아갔다. 이제야
재난 컨트롤타워가 작동하는 것 같았다. 아이를 가운데 두고
부모와 의료진, 건강보험의 얼굴을 한 정부가 삼각 구도로 자리
잡은 모양새였다. 세 변의 길이가 보기 좋게 똑같은 정삼각형은
아니지만, 긴 투병 기간 내내 제대로 굴러갈지 여전히
미심쩍지만 그래도 혼자가 아니라는 이유만으로 나는 안도했다.
우리 가족 최대의 위기가 시작된 6월 3일 이후 꼭 3주 만이었다.

1막: 타고난다는 오해

다

내 탓인가 봐

뜻밖의 비극에 원인을 찾지 않을 수 없었다. 아이 소식을 전해
들은 모든 가족, 친척들이 저마다 자신의 지난 과오와 크고 작은
지병, 사소한 악행에서 이유를 찾았다. 경미한 교통사고였는데도
굳이 병원을 찾아 엑스레이를 찍었다고 조카가 저주를 받을 리
없다. 임신인 줄 모르고 초기에 먹었던 두통약이 손녀의 중병을
야기할 리 없다. 그만큼 모두에게 운명적이고 비극적인 일이었다.
아무도 나에게 직접 말하진 않았지만 사실 발병 원인은 나한테서
찾는 것이 가장 쉬웠다.

    일하는 엄마라서 햄이나 소시지를 너무 자주 먹였다,
일하는 엄마라서 영상을 너무 많이 보여줘 전자파에 과도하게
노출시켰다, 일하는 엄마라 시간이 없어 아이를 매일같이
재촉하며 압박을 줬다, 일하는 엄마라서 아이의 정서를 세심하게
보살피지 못하고 스트레스를 줬다, 일하는 엄마라서 아이의
이상징후를 제때 발견하지 못했다, 임신하고도 정신 못 차리고
체중 증가에 신경 쓰며 식단을 관리했다, 대학 때부터 술을
너무 많이 마셔서 염색체 이상 소인을 물려줬다 등등 아픈
아이를 낳고 기른 엄마의 잘못은 끝이 없었다. 가임여성이 된
2차 성징 직후로 거슬러 올라가 그때부터 지금까지의 삶을
조각조각 분해해서 살펴봐야 할 판이다. 원인을 모르니 절망에서
벗어나기도 어렵다. 누가 재난을 초래했는지 알 수 없으니
복수할 대상도 없다. 결국 다시 엄마에게로, 나에게로 돌아온다.

전문가들의 견해는 대체로 일치한다. 그저 운이 나쁜 거라고, 교통사고를 당한 것처럼 지극히 낮은 확률의 일이 일어난 거라고. 유전적 영향이나 부모의 방치로 이렇게 된 것이 아니니 자책하지 말고 아이의 치료에 집중하라고 한다. 사실이다. 다만 인정하기 어려울 뿐이다. 암의 주요 원인 중 하나가 유전자 이상인데 부모가 자녀에게 돌연변이를 물려주는 경우도 있겠지만 아이 몸 안에서 돌연변이가 최초로 생기기도 한다. DNA가 복제에 복제를 거듭하다 보면 아주 가끔씩 오류가 생기는 것이다. 암이 발병하려면 그 오류가 매우 자주, 중첩해서 발생해야 한다. 꺼져 있어야 할 종양유전자는 켜지고, 켜져 있어야 할 종양억제유전자는 꺼지는 두 가지 돌연변이가 동시에 발생해야 비로소 암이 생기는데 이토록 가혹한 우연을 어느 누가 선뜻 수긍할 수 있을까.

평소 아이의 컨디션을 제대로 살피지 못해 늦게 알아차렸다는 미안함도 지나치게 가혹한 자책이다. 윤이도 그랬지만 대다수의 소아암 전조 증상은 감기나 몸살, 성장통과 크게 다르지 않다. 주변의 환아 엄마들이 한목소리로 말하듯 정말로 알아차리기 어렵다. 그럼에도 불구하고 많은 엄마들이 자신을 탓한다. 수학여행 가던 딸을 진도 앞바다에 묻은 엄마는 딸 돌잔치에 새 명주실 대신 헌 명주실을 놓은 가난한 엄마라 딸을 먼저 보냈다고 통곡했다. 임신기간의 부주의함, 지나온 삶의 도덕성, 심지어 자신의 사주팔자까지 원망하는 것이 엄마다.

도리스 레싱의『다섯째 아이』를 다시 읽었다. 결혼과 함께 꿈에 그리던 집을 마련하고 부족함 없이 아이 넷을

키우던 헤리엇은 다섯째 아이 벤을 낳고 절망한다. 장애인지,
성격이상인지, 아니면 둘 다인지 그저 유별난 아이라고 보기만은
어려운 아들 벤을 키우는 것이 너무 힘들었기 때문이다. 벤에게
밀려 엄마의 돌봄을 받지 못한 다른 아이들은 자신만의 세계로
너무 일찍 진입하고, 엄마의 방문을 거부한다. 남편과 친척들은
아이를 기관에 보내야 한다고 주장하며 사실상 벤의 죽음을
방조한다. 벤이 살아 있는 내내 가장 고통받았던 헤리엇은
행복했던 가정의 파괴자로 몰린다. 다른 가족들로부터 부당하게
고립되는 와중에도 헤리엇은 자신이 벌받는 것이라고 생각한다.
"잘난 척했기 때문에. 우리가 행복할 수 있다고 생각했기 때문에"
이런 비극이 찾아왔다고 자책하는 것이다. 남편 데이비드는
다르다. 우연히 나타난 이상한 유전자 때문이라고 이 상황을
합리적으로 진단한 그는 자신에겐 다섯 번째 자식이 없다고
한다. 행복한 가정과 안정적인 사회, 평화로운 공동체를 지켜줄
것이라 굳게 믿어왔던 가부장제와 가족중심주의는 오히려
헤리엇의 발목을 잡는다. 이런 유형의 비극은 다른 가족들에게는
불운에 그칠지 몰라도 엄마에게는 운명이자 천형이 된다.

여기 병동에도 헤리엇이 많았다. 이유식 만들 때부터
난각번호 1번 계란에 무항생제 유기농 재료로만 음식을 해
먹였는데 결국은 아이 몸에 항생제와 항암제를 들이붓게 됐다고
했다. 타고난 기질이 까다로워 손이 많이 가는 첫째에 비해
너무 순한 아이라 발로 키웠다고 자랑했더니 어느 날 뇌에
종양이 생겼다고 했다. 고생 끝에 얻은 귀한 아이라 유별나게
태교했지만 수술실에서 나온 후부터 말을 못 하게 됐다고

했다. 날 닮아서 제일 마음이 가는 아이였는데 날 닮은 예민함 때문에 병원에서 사춘기를 함께 보내기가 너무 힘들다고 했다. 엄마들은 아픈 아이를 돌보며 자책하고 남은 가족을 챙기며 자학했다. 그나마 아이 컨디션이 좋을 때면 시댁과 영상통화를 했고, 집에 있는 다른 형제자매의 숙제를 챙겼다. 꼭 나 같은 표정과 목소리로 남편과 통화하는 소리가 어딘가에서 들려올 때마다 묻지 않을 수 없었다. 결혼한 여자의 사랑은 왜 항상 자기파괴적인가. 국가가 복지로 책임졌어야 할 돌봄이 가족에게 전가되고, 모든 가족구성원이 함께 나눴어야 할 책임은 사랑이라 불리며 여자에게 전가된다. 그렇게 여자의 사랑은 이름을 잃고 주인을 살해한다. 그 과정이 너무 가혹할 때는 운명이라고도 한다.

이것은 운명이기 때문에 왜 우리 아이에게, 왜 나에게 이런 일이 생겼냐는 원망 어린 질문에 대답해줄 사람이 없다. 신도 야속한 마당에 만족스러운 답을 들려줄 현자가 어디 있겠는가. 내게도 이런 일이 생기지 않으리란 법은 없다고 생각해야 한다는데, 결국 나보고 현자가 되라는 소리다. 그러니까 진짜 비극은 아이의 병이 아니었다. 팔자 센 엄마의 운명에 원인을 돌리고, 엄마의 사랑으로 모든 고난을 극복하라는 가스라이팅이 바로 비극이다. 이 오래된 관습이 여자의 진짜 사랑을 파괴한다.

긴 밤

병원에서 잠을 자기 시작한 이래, 몇 시간을 연달아 자본 적이
없다. 부작용을 최소화하기 위해 윤이에게 다량의 수액이
투여되면서 짧게는 한 시간에 한 번, 길게는 세 시간에 한 번씩은
반드시 화장실에 가야 했다. 잘 때도 마찬가지여서 병상에
보호자 침대를 바짝 붙여두고 아이가 "엄마" 하고 소근거리면
단번에 알아들어야 했다. 짧게나마 눈을 붙이려 들면 아이가
나를 부르거나 간호사가 들어왔다. 혈압을 재거나 수액을
교체하는 건조한 움직임이 거침없었다. 당연히 잠을 잔다기보다
졸다 깨다를 반복하는 식이었는데 눈을 뜨고 자는 느낌이었다.
외계인도 아니고 눈을 뜨고 잘 수 있나 싶지만 실제로 어미
악어는 잘 때 한쪽 눈만 감고, 다른 한쪽 눈은 뜬 채 새끼들을
지켜보면서 잔단다. 생태계 최강의 흉포한 포식자조차 이
정도라니, 과연 자식을 지킨다는 건 원래 이렇게 물리적으로
어려운 일인 것인가.

눈을 감든 뜨든 악몽이 끈질기게 따라붙었다. 꿈의
내용은 현실을 그대로 반영하고 있는데 그 묘사가
이상하리만치 미래적이었다. 영화 「시계태엽 오렌지」(1971)나
「토탈리콜」(1990)이 그린 디스토피아의 잔인한 장면들이 줄을
이었다. 공격당하는 윤이와 무력하게 방어에 실패하는 내 모습이
다양하게 변주되어 매일 밤 회차까지 바꿔가며 상영됐다. 병원의
각종 기계장치가 주는 위압감과 공포 때문이었으리라. 잊을
만하면 급작스럽게 들려오는 '코드블루' 호출 소리도 완벽한
BGM이었다. 깊은 새벽, 매일 같은 시간에 하는 채혈까지 마치고

나야 하루가 다 끝난 느낌이었다. 환한 아침이 오도록 악몽은 물러서지 않았다. 심지어 "꿈은 사라지는 중에도 조각조각 남는다." 특히 험한 꿈을 꾼 날은 온종일 진창에 발이 묶인 느낌이었다. 그런 날이면 스스로 악몽을 만들곤 했다. 아이의 바이탈 사인이 완벽하리만큼 일정하지 않으면 불안했다. 산소포화도가 2~3퍼센트만 떨어져도 전전긍긍했다. 아이 몸의 항상성이 유지되지 않으면 극도로 민감해졌다. 식사량이 약간 줄거나, 변을 제때 보지 않으면 아이를 다시 '정상', 원래의 상태로 돌려놓아야 한다는 압박감에 쫓겼다. 그럴 일이 아니었는데.

백혈병은 전국, 전 세계의 병원이 표준화된 프로토콜에 따라 병을 치료한다. 진단명에 따라 프로토콜이 약간씩 달라지지만 큰 틀에서의 치료 원칙은 동일하다. 일부 희귀암이 아니고서야 대부분의 암 치료가 그렇다. 당연히 보호자가 안달복달한다고 약을 더 쓰거나 신약을 척척 알려주거나 하지 않는다. 미국이나 일본의 유명한 병원에 가도 마찬가지다. 의료진을 믿고 각 단계별 치료가 최대의 효과를 낼 수 있도록 보조하는 것이 간병인의 역할이다. 이렇게 마음을 다잡기까지 시간이 퍽 오래 걸렸다.

사람들이 '서울에 있는 큰 병원'을 선호하는 데는 이유가 있을 텐데 이렇게 가만히 있어도 될까? 지금 빅5 병원에 예약을 걸어도 진료 보기까지 한 달은 걸린다는데…. 아니지, 삼성가 사람들은 암에 걸리면 삼성재단 병원이 아니라 텍사스 MD엔더슨 암센터나 보스턴 어린이 병원으로 가지 않을까? 미국에서 치료받으려면 특정 비자를 따로 받아야 하나? 돈도 엄청나게 들 텐데. 미안해. 엄마가 아는 것도 없고, 돈도 없어서 미안해.

　　꼬리에 꼬리를 무는 이런 자기파괴적인 생각을 하는
데만 시간을 참 많이도 썼다. 다른 많은 보호자들 역시 비슷한
경험을 했을 것이다. 사실 하지 말라고 해서 안 할 수 있는 것도
아니다. 겪어보지 않으면 절대 모르는 일이 있다. 스스로 깨닫고
자기가 확신하기 전까지는 절대 깰 수 없는 고정관념이 있다.
꿈속에서라도 울고 구르고 소리지르며 깨지고 부딪히다 보면
알게 된다. 이건 정말이지 내가 아무리 용을 써도 어찌할 수
있는 일이 아니라는 것을. 암 치료의 과정만큼 매몰찬 '답정너'는
없다는 것을. 답, 그러니까 치료법은 정해져 있다. 우리는
따르기만 하면 된다.

　　공감과
　　이해

아무래도 아이는 아픈 게 아니라 어려진 것 같다. 자주 넘어진다.
막 걸음마를 시작한 아기처럼 서툴게 걷고 방향을 바꾸거나
속도를 내야 할 때 둔하다. 병원 생활이 길어지면서 다리
근육이 빠져 그렇다고 했다. 이유 없이 보채는 일도 잦아졌다.
프레드니손, 덱사메타손 같은 스테로이드 계열 약물을 복용할
때는 짜증이 더욱 심했다. '아무리 엄마라도 다 받아줄 수 없어.
주사를 대신 맞아주지 못해 미안. 하지만 모든 게 다 엄마
잘못은 아니야.' 몇 번이나 진지하게 말하고 싶었지만 한 번도
하지 못 했다. 잔뜩 심술이 난 아이와 통화하던 남편은 아이에게,

그래도 괜찮으니 엄마한테 짜증 다 내고 기분 풀라고 했다. 그리고 나에게는 아이가 아프니 엄마가 당분간 다 받아주라고 했다. 그러면 안 되는 거였다. 무용한 개입이자 허가받지 못한 허가다.

그도 모자라 윤이가 내게 고맙다고 하면 본인이 나서서 손사래를 쳤다. 소아암 다큐멘터리를 같이 보는데 환아가 인터뷰 중 엄마에게 고맙고 미안하다며 눈물짓자 정색을 했다. 가족끼리는 미안하다거나 고맙다는 말을 하지 않아도 된다면서. 윤이가 아프기 전에도 종종 있었던 일이지만 더는 참기 어려웠다. 문제는 이렇다. 1. 엄마의 희생을 당연한 것으로 여긴다, 2. 그 생각을 내 앞에서 여과 없이 표현한다, 3. 생각도 표현도 잘못된 것을 모른다. 그렇다면 해결은 이렇다. 1. 잘못된 생각을 고친다, 마흔이 훌쩍 넘은 사람의 생각을 단번에 교정할 수 없으니 불가. 2. 잘못된 표현을 듣고도 못 들은 척한다, 그러기에는 앞으로 남은 돌봄의 시간이 너무 길다. 3. 적어도 표현은 하지 못하게 한다. 이거다. 근본적 해결은 아니지만 부분적, 임시적으로나마 문제를 봉합할 수 있다. 상대를 끊임없이 불편하게 만들어 동일한 문제가 반복되지 않도록 하는 것이다.

말꼬투리를 잡아 집요하게 물고 늘어졌다. 당신이 어떻게 생각하든 적어도 내 앞에서는 그렇게 말하지 말라고 못을 박았다. 그의 생각을 바꿀 수 있을지는 모르겠지만, 또 그의 생각이 바뀐다고 세상이 바뀌는 것도 아니지만, 적어도 그의 말이라도 바뀌기를 바랐다. 그는 말할 때마다 검열당하는 것 같다고 했다. 대체 무슨 말을 해야 할지 모르겠다고 했다.

정확히 내가 바라는 바였다. 너는 상대가 생각이 다르면 화를 낸다고 했다. 아니, 생각이 다른 게 아니야. 당신 생각은 틀렸어. 애는 엄마가 봐야 하고, 아이 곁에는 반드시 엄마가 있어야 하며 엄마의 희생은 당연하다는 당신 생각은 완전히 틀렸어. 그런 생각을 전제할 때 나올 수 있는 그의 모든 말, 행동, 선택이 감지될 때마다 요란스럽게 경보를 울렸다. 아예 입을 틀어막으려는 거였다. 여성이, 흑인이, 아시아인이, 장애인이, 아픈 사람이, 성소수자가 오랜 시간 당했던 것처럼. 엄마로서의 희생과 헌신을 증명하고 나서야 나는 비로소 권력을 얻었다.

내가 윤이의 짜증을 묵묵히, 사실은 매우 힘겹게 받아줄 수 있었던 것은 그 누구보다 힘들 아이의 심정에 공감했기 때문이다. 두려움과 공포, 고통과 불안이 얼마나 크고 깊을지 아이의 태도로 미루어 짐작했기 때문이다. 도무지 익숙해지지 않는 병원 침대에 누워 각종 기기에 자신의 몸을 내맡기다 보면 느닷없이 낯선 세계에 버려진 느낌일 것이다. 혈액암과 죽음에 대해 아는 바가 많지 않으니 오히려 덜 무서웠을지 모른다. 어둠 속에서 내 옷깃만 꼭 붙들고 있는 아이의 가슴 속에는 온종일 우레와 함께 비가 내릴 것이다.

그럼에도 불구하고 난 종종 아이를 단속했다. 한두 번 먹는 것도 아닌데 약 좀 빨리 먹자고, 하루종일 영상만 볼 거냐고, 그만 좀 징징거리라고 재촉하고 다그쳤다. 30년이나 더 산 사람이 기어이 논리로 어린애를 제압하고, 풀이 죽게 만들었다. 낮에 그리 모질게 군 것이 미안해 자기 전에 꼭 안아줘야지, 미안하다고 말해줘야지 다짐했는데 잠깐 설거지를 하고 온

47

사이에 아이는 곤히 잠들었다. 그리고 아침에 일어나면 다시
평온한 눈으로 나를 바라보며 "엄마" 하고 불러주었다. 매번
아이에게 졌다. 아이의 퇴행을 우려한 주제에 정작 어른스럽지
못한 건 나였다. 아이를 더 이상 가부장적 권력에 노출시키고
싶지 않았다. 아픈 아이에게 엄마이자 간병인인 내가 행사할 수
있는 영향은 너무나 절대적이다. 나는 무력하면서도 전능했다.
아무리 아픈 아이더라도 잘못을 하면 말해줘야 하는데, 아픈
아이를 어떻게 지도해야 할지 자세히 알려주는 육아서가
어디에도 없었다.

상황이 어떻든 아이는 미안해하기보다 사랑받을 자격이
먼저다. 엄마뿐 아니라 모든 어른에게 그렇다. 아빠가 아무리
말려도 윤이는 원래부터 미안해, 고마워를 잊지 않는 아이다.
내 냉정한 태도에 미안하다고 울먹거릴 때마다 나도 울컥했다.
평소 미안하다는 말을 다른 사람들에게 너무 자주 하는 것이
걱정될 때가 많았다. 여자아이라 더욱 그랬다. 누구에게나 예의
바른 태도는 늘 흡족했지만 지나치게 자세를 낮추고 타인을
대하는 것은 아닐지 염려됐다. 여자에게 분노는 터부시된다. 화를
절제하라고 배운다. 반면 남자들의 분노는 아주 손쉽게 명분을
얻는다. 이 불합리를 체화하게끔 두고 싶지 않았다. 어쩌면 나와
윤이 모두 제대로 화내는 법을 몰라 투병의 시간이 더 힘들었을
것이다.

병실에 불이 꺼지면 좁은 침대에 함께 누워 완전히 서로의
몸을 붙이고 얼굴을 마주봤다. 다른 환자에게 방해가 될까
봐 어린이집 다니던 시절처럼 일찌감치 잠자리를 준비했다.
잠들기 전에 그날 있었던 일을 아이와 짧게 얘기했다. 주로 내가

사과했다. 태어나서 지금까지 늘 그랬듯 아이는 다 받아주었다.
윤이는 언제나 나를 이해하거나 용서했다. 그리고 자기도
사과를 잊지 않았다. 우리가 이렇게 매일 밤 차곡차곡 쌓아 올린
일대일의 관계, 둘 간의 사랑과 믿음, 온전히 두 사람만 알 수
있는 관계의 역사, 이것은 모성이 아니다.

날 닮아도
너답게

아이가 말을 배우고 나서 가장 많이 했던 말은 "엄마 나
봐"였다. 배고파, 안아줘, 놀자 같은 구체적인 다른 요구도
많았지만 아이는 항상 자기를 보라고 했다. 음악을 듣는다거나
동시에 다른 일을 해서도 안 된다. 오로지 자기에게만 관심을
가져줄 것을 매우 자주 요청했었다. 그런데 병원에 있으면서
언제부터인가 윤이가 다시 "엄마 나 봐"를 시작했다. 병원 생활을
시작한 초반에는 나 역시 늘 아이를 주시했기 때문에 그 말을
들은 적이 없었다. 윤이 본인도 활기가 없어 종일 누워만 지내던
때이기도 했다. 하지만 입원 생활에 익숙해지자 윤이는 다시
내 시선을 고정해두려고 했다. 어디가 아픈지, 어디가 이상한지
찾으려 들지 말고 그냥 가만히 자기를 보라는 것이다.
　　바라보면 윤이는 고양이를 흉내 내거나 우스운 표정을
지었다. 옆 병상 할머니는 그런 윤이를 보며 엄마에게 '예쁜 짓'을
하는 거라고 하셨다. 아무것도 하지 않고 나를 빤히 보며 귀나
눈썹을 만지작거릴 때도 있었다. 눈을 똑바로 들여다보며 엄마

눈동자에 내가 보이는데 내 눈 속에도 엄마가 보이냐고 묻기도 했다. 그제서야 날 보라는 게 널 보고 싶다는 말이기도 하다는 걸 알았다. 이토록 순정한 사랑의 표현이 또 있을까. 당신이 나를 바라봤으면 좋겠고, 나도 당신을 보고 싶다는 직설적인 요구는 값비싼 선물도, 달콤한 언사도 필요로 하지 않는다.

내 볼 위에 손가락을 올리고 건반 치듯 하나하나 눌러보던 윤이가 대단한 걸 발견했다는 듯 말했다.

"엄마랑 나는 눈이 닮았대. O형인 것도 닮았어. 그런데 제일 닮은 게 있어. 바로 여자라는 거야." 대답으로 들려주고 싶은 말이 많았지만 그저 맞장구치며 웃기만 했다. '그래, 나도 너랑 닮아서 좋아. 네가 여자라서 좋아. 내가 여자로 사는 게 좋은 만큼 너도 그만큼 좋았으면 좋겠다. 여자들은 다른 사람에게 더 쉽게 호의를 표현할 수 있고 개방적이며 생각도 유연한 편이야. 물론 단점도 엄청나지. 여자로 사는 삶의 어려움은 말할 수 없이 크다. 너에게 시행착오를 줄이는 법을 알려줄 수 있어 다행이야. 내가 겪었던 난관과 실수를 딸인 네게 들려줄 수 있으니까. 너는 부디 겪지 않았으면 좋겠어. 네가 아들이었다면 나는 더 서툴고 우왕좌왕했을지 모르겠다. 나는 남자들이 소년 시절부터 체득해야 하는 맨박스, 세상이 남자에게 기대하는 통념에 동의하지도 않고 잘 알지도 못한다. 남자들 간의 관계 맺기 방식은 여전히 묘하다고 생각하지. 네가 여자라 정말 다행이야.'

딸을 낳아 키우며 어떤 엄마가 되어야 할지 늘 고민했지만 아직도 혼란스럽다. 친구 같은 모녀를 핑계로 내 슬픔이나 분노를 아이가 받아주길 강요하지 않을 것이다. 결국 늙은 부모를 책임지는 건 딸이라는 돌봄 의무도 떠맡기지 않을 것이다. 잘 키운 딸 하나 열 아들 안 부럽다며 흔히 아들에게 기대되는 성공한 장남, 집안의 자랑 역할을 강요하지 않을 것이다. 아이가 알파걸이 되었으면 좋겠지만 수퍼맘은 되지 않았으면 좋겠다. 성공한 여성은 자신이 이룩한 사회적, 직업적 성취만큼이나 큰 부담과 무게를 짊어지고 사는 것을 알기에 무조건 앞만 보고 내달리지 못하도록 조언해줄 것이다. 하지 말아야 할 것은 많은데 해야 할 것은 무엇인지 모호하다. 이 시대에 딸을 가진 엄마로서 어떤 조언을 해주어야 할지 도통 모르겠다. 아이는 계속 자기를 보라는데, 아이를 보면 볼수록 내 속내는 그리 편치가 않다.

아이를 낳고, 나인 듯 내가 아닌 타인과 단번에 강렬한 사랑에 빠졌던 경험은 결코 잊을 수 없다. 바라던 어린이집에 입소하거나 믿을 만한 시터를 찾았을 때 그렇게 기뻤으면서도 막상 아이를 맡기고 돌아 나오면 가슴이 무너지던 양가적 감정에는 영원히 익숙해지지 않을 것이다. 여자이거나 엄마로 살면 필연적으로 정체성의 혼란을 겪는다. 이란계 프랑스인 만화가 마르잔 사트라피는 이란과 유럽을 오가며 정체성에 큰 혼란을 겪었던 자신의 이야기를 그래픽노블『페르세폴리스』에서 털어놓았다. "내게 닥친 불행은 한마디로, '난 아무것도 아니다'라는 사실이었다. 나는 이란에서는 서양여자였고, 서양에서는 이란여자였다. 정체성이라곤 없었다. 왜 사는지조차 알 수 없었다." 내 이야기인 줄 알았다. 직장에 있을 때는 아이 엄마, 아이를 돌볼 때는 직장인인 워킹맘 처지가 딱 그랬다. 각 역할이 나를 압박하지만 이들은 결코 통합되지 않는다. 서로 간의 화해가 불가하다. 나의 유일성은 사라지고 역할들이 나를 만든다. 내게 주어진 나의 역할이 종교나 신념처럼 몸 구석구석 각인되어 본능처럼 나를 움직이기 때문이다. 사회와 국가, 문화가 한뜻으로 같은 논리를 설파하고 강요한다는 점에서 더욱 그렇다. 내가 가진 복수의 역할 중 온전히 내 것인 것은 아무것도 없다. 사회 구조가 만들어낸 의무가 내게 덧입혀진 것에 불과하지만 내게는 그 역할을 거절하거나 거부할 권리가 없다. 옷을 입었다 벗었다 하듯 엄마의 역할을 내려놓을 수 없는 것이다. 여기, 격동하는 세상을 오래 산 한 아버지의 체념 어린 조언이 있다. 76세에 성전환 수술을 받고 스티븐에서 스테파니가 된, 여성이 된 아버지는 딸에게 말한다. "정체성은 사회가 너를 받아들이는 방식이야. 사람들이 인정한 대로 행동해야 하지. 그렇지 않으면 적이 생긴단다. 나는 그렇게 살았어. 그래서 아무런 문제가 없는 거야."

다른 것을 더 바라지 않는다면 거짓말이겠지만 무엇보다 나는 아이가 살면서 정체성의 혼란을 겪지 않길 바란다. 여자라거나 암을 경험했다는 이유로 주위의 눈치만 보다가 아무것도 아닌 사람이 되어서는 안 된다. 입고 싶은 옷을 입고, 하고 싶은 일을 했으면 좋겠다. 자신의 정체성을 제대로 찾아 지키고 자랑스러워하길 기대한다. 윤이는 다른 사람의 말을 주의 깊게 듣고 오래 기억하며 상대의 감정을 헤아리고 배려할 줄 안다. 잘 참는다. 다정하다. 이야기를 잘 만든다. 흔히 사회에서 여성적이라고 분류되는 특질이지만 나는 윤이를 윤이답게

만드는 이 개별성들을 아끼고 사랑한다. 큰 가치가 있다고
믿는다. 이후 윤이가 어떤 일을 하게 되든 바로 이 특성이 훌륭한
자질로 기능할 것이라 믿어 의심치 않는다. 내가 나를 지키려
안간힘을 쓰며 살았던 것처럼 윤이도 최선을 다해 자신의
정체성을 지켰으면 좋겠다. 그렇게 날 닮으면 참 좋겠다.

이런 엄마도 있다,
많다

내게 아이가 있다는 사실을 처음 알게 된 사람들에게 가장
많이 들었던 질문은 "그럼 애는 누가 봐요?"였다. 아이 이름이
뭐냐는 질문조차 없이 진심으로 궁금해했다. 최근의 경험은 더욱
씁쓸하다. 아이가 크게 아프다는 사실을 알게 되자마자 사람들은
나를 위로하거나 격려했다. "고생이 많으시네요.", "엄마가 잘
보살펴주니 금방 나을 거예요." 내가 아이 간병을 도맡고 있다는
사실을 전혀 밝히지 않았는데 모두가 당연히 나를 간병인이라고
여겼다.
　갓 태어난 아이를 '정상적인' 사회구성원으로 길러내고,
아픈 아이를 '완치'될 때까지 돌보며, 장애가 있는 아이는 평생
보조한다. 양육자와 사회, 국가의 책임이지만 실제 이 책임을
다하는 사람은 엄마다. 불가능해 보이는 임무까지도 군소리 없이
수행하며 엄마들은 이 위험한 세상을 살 만한 곳으로 만드는 데
일조한다.
　물론 이런 엄마들도 있다. 영화 「로스트 도터」의 주인공

레다는 어느 날 훌쩍 미취학 아동인 두 딸을 두고 떠난다.
그리 난데없는 일만은 아니다. 전도유망한 예비학자인 레다는
끊임없이 읽고 쓰려 하지만 집에서는 단 5분도 자신의 일에
집중할 수 없다. 엄마를 향한 아이들의 요구는 끝이 없고
하나같이 시간과 감정, 에너지를 지나치게 소모해야 하는
일들뿐이다. 남편은 대개 부재중이다. 육아와 가사, 자신의
일을 두고 무엇 하나 놓치지 않으려 안간힘을 써보지만 상황은
악화되기만 한다. 딸들을 돌볼 것인가, 나를 지킬 것인가,
레다에게 다른 선택지는 없었다. 단호한 이분법 앞에서 선택을
강요받는 상황은 영화가 아닌 현실에도 즐비하다. 캐서린 조의
자전적 에세이 『네 눈동자 안의 지옥』은 더 극적이다. 주인공은
결혼과 출산을 거치며 자신에게 강제되는 변화가 버겁다. 그냥
항복하라는 시어머니의 조언을 도저히 받아들일 수 없던 그는
결국 미쳐버린다. 자신을 포획한 모성의 광기에서 벗어나는
과정에서조차 그는 자신에게도 혹시 있을지 모를 모성을
희구한다. 갓 태어난 아이를 잘 돌볼 수 없는 정서불안의 엄마가
자신의 아이를 보호하기 위해 스스로 미쳐버리기를 선택했다고
자위하는 것이다.

모성은 당연히 본능이 아니다. 과학은 이미 모성이
옥시토신과 프로락틴의 영향을 강하게 받는 호르몬 반응이라고
해석한 지 오래다. 만약 모성이 본능이라면 이렇게 많은
임신·육아교실이 성행할 이유가 없다. 그저 본능을 따라가면
되는데 세금으로 지자체별 육아교실을 운영하고, 신생아의
울음소리를 딥러닝까지 동원해 분석할 필요가 없는 것이다.

모성애가 여성의 본능이라는 사이비 과학은 아주 오랫동안 여성의 희생을 연료 삼아 자기 발전을 거듭한 결과 모종의 신화가 되었다. 그리고 이 모성 신화는 반드시 헌신적인 돌봄을 전제로 한다. 영웅이 통과의례로 겪는 고난처럼 모성의 서사는 돌봄의 고통 없이 완결될 수 없다.

그러나 돌봄은 모성에서 뿌리내린 것이 아니다. 반대의 경우도 마찬가지다. 모성은 돌봄으로만 증명되는 것이 아니다. 타인을 잘 돌본다는 이유만으로 숭고한 모성의 담지자나 영웅으로 취급해서는 안 된다. 돌봄을 거부한다고 해서 섣부른 판단의 대상이 될 이유도 없다. 모성 신화는 여성에게 손쉽게 희생을 강요하는 동시에, 각 여성의 삶이 지닌 복잡하고 특별한 경험을 일거에 삭제한다. 저마다 다른 엄마들의 삶을 워킹맘과 전업맘으로 양분할 수 있다는 사고방식은 지독히 안일하고 편협하다.

어떤 엄마든 엄마의 돌봄 노동은 숨을 쉬듯 당연한 것이기에 눈에 보이지 않는 일, 그저 마음을 쓰는 일로만 여겨진다. 반면 그 노동에 대한 평가는 놀라울 정도로 가시적이다. 아이가 무심코 내뱉은 다소 폭력적인 말, 지나치게 조숙한 말을 듣는 순간 모든 화살은 엄마에게 쏟아진다. 누구에게 저런 말을 들었을까, 뭘 보고 배웠길래 저런 말을 할까, 아이에게 매일 유튜브나 보여주니 저렇지, 너도나도 문제의 원인을 진단하고 근거 없는 평가를 한마디씩 보탠다. 일하는 엄마들은 더욱 가혹하고 무례한 평가에 익숙해져야 한다. 그런 평가를 받지 않기 위해 엄마들은 스스로를 혹사시키며 자신의 일상에서 부지런히 일의 흔적을 지운다. 내 아이에게 발생할지 모를 결손과 결핍이 두려워

보이지 않는 돌봄노동의 강도를 극한으로 밀어붙인다. 자기도 모르게 모성 신화를 강화하고 여성을 억압하는 공모자가 된다. 불평등한 돌봄노동은 그렇게 모성 신화의 스테로이드제가 되어 온갖 부작용을 남기며 내성을 키운다.

아이의
힘

병원에 있다 보면 소아암 환아들을 대상으로 하는 공모전 소식을 자주 접한다. 인스타그램 시대에 맞게 환자의 일상을 담아낸 사진 공모전 등도 열리지만 아무래도 고전적인 백일장, 그림 공모전, 독후감 대회 등이 대부분이다. 공모전 참여를 계기로 윤이가 성취감을 느낄 수 있으면 좋겠다는 생각에 이것저것 해보자고 꾀어봤지만 아이 반응은 냉랭했다. 책을 재밌게 읽었으면 끝이지 왜 또 글을 쓰고, 그림을 그려야 하냐는 식이었다. 기분 내킬 때 그린 그림으로 몰래 응모해볼까 싶었지만 주제에 한참이나 벗어나 있거나 대회용으로는 지나치게 창의적이었다.

컨디션이 좋은 날에도 온종일 유튜브만 보며 깔깔대거나 게임기만 붙잡고 있는 아이를 보면 속이 탔다. 미디어에 중독돼 시간만 낭비하는 것 같았다. 몸이 아파 예전만큼 활동할 수 없으니 의욕을 전부 잃은 것은 아닌지 염려스러웠다. 착각이었다. 아이는 전혀 그렇지 않았다. 다른 친구들보다 조금 늦게 간다고 해서 성취감을 느끼지 못하고 풀 죽어 있으리라는 건 순전히

56

엄마 생각이었다. 윤이는 구구단 7단을 드디어 다 외웠을 때, 예전보다 문제집 푸는 시간이 빨라졌을 때, 설명서 없이 레고로 멋진 청소차를 만들었을 때 행복과 성취감을 느꼈다. 엄마는 그 나이 또래 애들이라면 당연히 할 줄 아는 것이라 생각한 일을 아이는 스스로 도전이라 생각하고 있었다. 나는 아이가 느리다고 채근했지만 사실 아이는 한 번도 멈추지 않고 꾸준히 제 길을 가고 있었다.

엄마 욕심에 아이를 다그치고 재촉하는 것, 아이가 아픈데도 이 버릇을 못 버리고 있었다. 아이가 바라는 것과 엄마가 원하는 것이 분명 다른데 그것마저 내 계획대로 조정하려 들었다. 수많은 어려움 속에서도 아이의 시간은 직선으로 흘렀다. 아이라 그럴 것이다. 같은 종류의 고통이라도 어른의 시간은 급발진과 후진을 거듭하고 때로는 굽이굽이 불필요한 곳까지 돌아가며 종잡을 수 없는 궤적을 그린다. 그러나 아이는 작은 몸으로 힘겹게 하루하루 쌓아가며 성실하게 앞으로만 나아간다.

생각해보면 기다리는 걸 도무지 못하는 나와 달리 아이는 늘 기다렸고 잘 기다렸다. 매일매일 퇴근하는 나만 기다렸다. 어느 주말 아침, 얼른 회사에 다녀오겠다고, 잠깐만 일하고 와서 나가 놀자고 아이를 달래놓고 일찍 집을 나섰다. 주말에 출근해야 할 정도로 긴급한 일이 그렇게 금방 끝날 리 없다. 역시나 업무 시간은 속절없이 길어졌고 아이 생각을 미처 하지 못했다. 해가 질 무렵에야 집에 가니 아이가 외투를 입고 앉아 있었다. 할머니 말로는 엄마가 오자마자 바로 놀이터에 나갈 수 있게 하루종일 외투를 입고 지냈다고 한다. 병원에서의 시간도 윤이는 그렇게

보냈을 것이다. 반드시 돌아올 엄마를 기다린 것처럼 오늘을
버티고 혹시 모를 내일을 기대하며 매일같이 병원에서의 해방을
바랐을 것이다.

아이는 고작 파닉스가 어렵다고, 세 자릿수 연산을 자꾸
틀린다고 실망하지 않았다. 아이가 가장 실망했을 때는 병원에
들어와 열흘 만에 자기 휴대폰을 확인한 순간이었다. 자기가
학교를 빠진 사이에 카톡이 천 개쯤 와 있으면 어떡하냐고
걱정했지만 전혀 그렇지 않았다. 어쩌면 당연했다. 초등학교
2학년이 안부를 먼저 묻는다거나 기프티콘을 보내준다면 그게 더
이상하다. 휴대폰이나 메신저 사용법도 아직 익숙지 않을 나이다.
하지만 관심받지 못하는 상황을 쉽사리 인정하고 받아들일
나이도 아니다. 인간은 누구나 외롭다는 것을 깨닫게 되려면
족히 20년은 더 걸릴 것이다. 그런 면에서 아이의 좌절은 지극히
정당하다. 인생의 가장 어려운 문제 중 하나인 고독에 직면한
것이니 말이다.

처음은 아니었다. 외동인 아이는 늘 외로워했다. 형제자매를
만들어주지 못한 나는 초조했다. 아이와 함께 한 시간보다 질이
중요하다는 말을 나는 이제 믿지 않는다. 인기 최고의 놀이
선생님을 불러 같이 놀게 해줘도 아이는 다시 나를 찾았다.
선생님과 아무리 재미있게 놀았어도 엄마와의 시간은 꼭 정해진
절대량을 채워야 했다. 친구가 답이다 싶어 학원도 여기저기
보내고, 같은 반 엄마들의 연락처를 수소문해 집으로 초대하기도
했다. 나중에야 알았다. 아이의 관계는 절대 부모 뜻대로 되지
않는다는 것을. 아이가 다른 사람에게 거절당하는 걸 참기가
그렇게 어려웠는데 바로 그걸 참지 못하면 아이도 나도 클 수

없다는 걸 온갖 시행착오 후에야 깨달았다.

　윤이는 아직 아이다. 자신의 뜻대로 세상이 움직이지 않는다는 것을 너무 일찍 알게 됐지만 인정하기는 쉽지 않을 것이다. 나 또한 아이를 이렇게 일찍 어른의 세상으로 보내고 싶지 않았다. 자신의 일은 오로지 자신이 책임지고 슬픔도 고독도 억울함도 혼자 감당해야 하는 어른의 세상 말이다. 하지만 어느새 아이는 훌쩍 커 가끔씩 어른보다 더 어른스러운 말을 하기도 했다.

　치료를 갓 시작했을 때였다. 항암 부작용으로 호중구 등 각종 혈액 수치가 급격히 떨어졌다. 골수기능이 회복되지 않으면 항암치료를 재개할 수 없는데 도무지 오를 기미가 없으니 그저 애만 태웠다. 간 수치가 오르면 기름진 음식을 줄이고 잠을 많이 재우는 식으로라도 애써 볼 텐데 혈액 수치는 도무지 손 쓸 방안이 없었다. 좌불안석인 나를 보며 윤이가 말했다. "엄마, 호중구는 몸 마음이야. 신경 쓰지 말고 그냥 기다려." 몸의 마음이라는 표현도 표현이지만 보채는 어른을 아이가 점잖게 어르는 상황이야말로 모순적이었다.

　윤이 말이 맞았다. 치료 성과는 지금껏 살아온 대로 무조건 열심히 해서 얻어내거나 달성할 수 있는 것이 아니었다. 암에 걸린 몸은 시험점수나 경기 기록처럼 전략과 노력으로 쉽사리 바꿀 수 있는 것이 아니었다. 내 일이라고 내가 다 통제할 수 있는 게 아니라는 진리를, 내가 그토록 거부하고 받아들이지 않으려고 했던 세상 이치를 윤이는 이렇게 어린 나이에, 별 저항 없이 순순히 받아들였다. 물론 아프고 난 후 윤이가 잃어버린 일상을 생각하면 수업료가 비싸도 너무 비싸다. 암 앞에서 아이는 너무 어리거나 너무 늙었다. 이미 늙어가는 나는 그런 아이를 보며 울고 웃는다. 마치 아이처럼 가질 수 없는 것을 자꾸 바라다가, 원한다고 쉽게 가질 수 없다는 걸 아이에게 새삼 배운다.

모성이 아니라
의리입니다

며칠 꼼짝을 못하고 침대에만 누워 있던 아이가 마침내 기운을 차리고 병원학교에 갔다. 아이가 자리를 비웠을 때 얼른 허기를 채워야 했다. 윤이가 냄새만 맡아도 구역질을 하는 시기에는 나도 음식을 먹기가 어렵다. 플레인 에너지바나 베이글 같은 걸 사다 놓고 기회가 있을 때마다 요령껏 먹어야 하는데 나흘을 그렇게 보내니 설국열차에서 지급하는 단백질 블록을 먹는 것 같았다. 따끈한 요리까지는 바라지도 않고, 신선한 채소 약간만이라도 먹고 싶었다. 서둘러 사 온 샐러드를 막 입에 넣으려는 순간 커튼을 젖히고 윤이가 들어왔다. 화장실에 가고 싶었던 모양이다. 드레싱 냄새를 맡자마자 윤이는 토하기 시작했다. 가당치도 않은 사치를 부렸다. 암환자의 간병인이 감히 음식을 탐해서는 안 된다는 준엄한 경고 메시지 같았다.
　투병 내내 아이의 병은 나를 시험했다. 온종일 서 있다가 간병인 베드에 누워 좀 쉬려 하면, 윤이는 또 다른 증상을 호소하며 나를 일으켰다. 숨을 돌릴 만하면 채혈이나 혈압 측정을 위해 불시에 커튼이 들쳐졌다. 마치 너는 잠시도 쉴 자격이 없다고, 아직 안심할 때가 아니라고 온 세상이 내게 호통치는 듯했다. 병실을 소등해도 잠을 자기 어려웠다. 간호사가 라운딩하는 시간은 예측 가능했지만 아이의 컨디션은 단 하루도 짐작할 수 없었다. 항암 후, 몸에 남은 독성을 인위적으로 배출하기 위해 하루 종일 두 시간 간격으로 소변검사를 해야 했다. 다른 장기에 악영향을 줄 수 있는 사이타라빈이나 MTX가 그랬다. 두 시간마다 일어나 아이 소변을 받고 스테이션에 제출하느라 자기 전에 알람을 네다섯 개씩 맞추고 누웠다. 잠이 올 리 없었다. 죽을 끓이며 잠을 자라는 식이었다. 그렇게 며칠 밤을 보내야만 독성이 다 빠져나간다고 했다.

2인실을 쓰면 두 배로, 4인실을 쓰면 네 배로 사건이 많고 소음이 잦았다. 커튼 하나를 사이에 두고 나는 입 안에 밥을 욱여넣고 두 뼘 쯤 떨어진 옆 자리 청년은 오줌을 눈다. 플라스틱 소변통에 떨어지는 소변 소리뿐 아니라 환자복 하의를 내리고 올리는 소리까지 전부 들린다. 굴욕적이다. 생사를 다투는 투쟁의 현장에서 가장 먼저 파괴되는 것이 인간의 존엄이다. 보호자가 이럴진대 환자 본인의 고통은 오죽할까. 환자(patient)는 고통(path)을 참아내는 자(-ent)고 괴로워하는 자다. 아직 자신의 언어를 갖지 못한 윤이는 그 고통을 오로지 몸으로 감당했다. 소변으로 배출한 항암제의 독성처럼 고통도 발산해버리면 좋을 텐데 그러기에 아이는 너무 어렸다.

잔인한 고통 속에서 윤이와 나는 아주 느린 시간을 보냈다. 윤이가 이 시간을 전부 잊기를 바라지만, 훗날 돌아보면 우리 둘만이 공유하는 강렬한 기억일 것이 분명하다. 아이의 투병,

나의 간병을 통해서야 나는 알았다. 아이에 대한 나의 감정이 상호호혜적인 사랑에 기반한다는 것을. 내 돌봄이 모성에서 발현된 헌신이 아니라 상대에 대한 의리와 도덕에 더 가깝다는 것을. 의도치 않고 실현하게 된 이 모종의 윤리가 사실은 이 세상을 지탱하고 있다는 것을. 나는 누구와도 이런 종류의 사랑을 다시 하기 어려울 것이다. 윤이가 아닌 그 누구도 나를 이렇게 사랑해주지는 않을 것이기 때문이다. 그래서 나는 이 감정을 모성이라 부르지 않기로 했다.

결국 사랑은 내가 아닌 누군가의 필요를 내 필요보다 중요시하는 것이다. 눈사람 올라프도 말했다. "Some people are worth melting for." 당신을 위해서 녹는 것쯤이야. 나보다 그 사람을 먼저 생각하는 것이 바로 사랑이라고. 그리고 사랑의 이러한 속성이 바로 컴패션(compassion)의 토대일 것이다. compassion, 흔히 하듯 연민이나 동정이라고 번역하기에는 무척 아쉬운 이 단어는 문자 그대로 누군가의 고통(passion)을 함께 한다(com)는 뜻이다. 대가 없는 간병, 조건 없는 돌봄이 바로 compassion의 이데아이자 눈에 보이는 실재다. 그리고 누군가를 통해 이 compassion을 한번 경험한 이는 인생을 살면서 다른 이에게 다시 그것을 되돌려주게 된다. 그렇게 마음을 다해 사랑하는 법, 누군가를 돌보는 법을 배우는 것이다.

윤이 역시 그랬으면 좋겠다. 사람과 사랑을 두려워하지 않고, 엄마인 내게 그랬던 것처럼 솔직하고 당당하게 누군가를 사랑할 줄 아는 사람이 되기를 바란다. 투병하는 동안 더 크고 풍부하며 섬세한 형태의 사랑을 경험하고 배우기를, 다시 그 사랑을 베풀어 아프고 약한 너라도 거절당하지 않고 환대받는 경험을 하기를 기대한다. 어린이라면 응당 그렇듯 놀고 자고 낄낄거리면서도 키가 크고 마음이 자라는 아주 당연한 시간을 보내기를 희망한다. 이것이 내가 윤이를 돌보며 주고 싶은 전부다. 그래서 나는 윤이가 이 시간을 모조리 잊기를 바라면서도 잊지 않기를 바란다.

돌봄에 있어 생물학적 친연성은 그다지 중요한 조건이 아니다. 피가 섞이지 않으면 할 수 없을 정도로 고단한 일이라고들 하나, 이는 그만큼 돌봄의 노동 가치가 내내 평가 절하되어왔단 뜻이다. 또한 돌봄의 의무를 여성 가족구성원에게 손쉽게 전가하기 위한 것이란 혐의를 지울 수 없다. 어쩌면 간병은 기술적 측면에서 엄마가 아닌, 혈연으로 묶이지 않은 다른 이가 더 전문적으로 잘해낼지 모른다. 신사임당이 병원에 가면 나이팅게일이 될 것이란 환상을 버려야 한다.

오늘 나의 노력은 아이의 치료 성과만을 성적표로 삼지 않는다. 돌봄을 매개로 축적된 경험과 감정은 나의 삶, 그리고 아이의 삶을 통해서 오래도록 천천히 진가를 드러낼 것이다. 나와 아이의 관계를 재정립할 것이다. 이것은 마땅히 여성에게 있으리라고 믿어온 선천적 자질이나 본능에 의한 것이 아니고, 국가가 여성에게만 당연하듯 부과해온 암묵적 의무에 따른 것도 아니다. 물론 지금껏 사회에 순응하며 살아온 나는 여전히 그 의무감으로부터 완전히 자유롭지 않다. 아픈 아이를 책임지고 돌보겠다는 결심은 자발적이면서도 비자발적이었다. 돌봄

부담을 분담할 수 있다거나 하는 다른 선택의 여지가 있었더라면 나는 더 고민했을지 모른다. 그러나 아이와 함께한 시간 동안 극한의 고통과 온전한 행복을 동시에 느끼며 비로소 확신할 수 있었다. 적어도 나의 헌신은 모성 신화에 등떠밀린 것이 아니다. 나와 윤이의 사랑은 그렇게 전형적이거나 일방향적이지 않다. 내가 아이에게 받은 과분한 사랑, 계산 없이 돌격하는 순정에 나는 내 시간과 자유를 기꺼이 희생한다. 여기에 굳이 이름을 붙이라면 의리 정도가 적당하겠다.

2막: 돈 버는 여성

밀려나다

하루에도 수시로 울리는 단톡방의 알림을 결국 차단했다. 업무 관련 메시지가 가장 많았으니 신경 쓸 일도 차츰 줄어들 터였다. 그래도 알림이 올 때마다 드는 소외감과 조급함에서 벗어나고 싶었다. 병원에 온 이후로 내가 끝없이 작아지는 느낌이었다. 내가 정중앙에 서 있던 나의 우주는 축소되다 못해 압축되어 저기 먼 클라우드에 업로드되었다. 대신 아이를 중심으로 밀도가 한없이 올라간 초소형 우주에 매몰되었다. 아이의 상태를 아직 공개하지 않았기에 무슨 메시지가 와도 어떻게 답을 해야 할지 막막했다. 다른 이들의 프로필사진을 보면 억울함과 원망이 밀려왔다.

가장 질투가 난 사람은 남편이었다. 나는 이렇게 좌초하는데 그는, 적어도 직업인으로서의 그는 혼자 구명정을 탄 듯 건재해 보였다. 심지어 그는 병원비 생각해서 일을 더 열심히 하라는 주위의 독려도 듣고 있었다. 이제 윤이 곁에 엄마가 있으니 사업에만 집중할 수 있겠다는 응원도 들었다. 아이를 위해서 돈을 벌라면 나도 얼마든지 할 수 있었다. 야근에 주말 근무까지 마다하지 않으면서 직장에 헌신하고 승진해서 급여를 늘리라면 기꺼이 그럴 수 있었다. 그래도 돈이 부족하면 주말에 아르바이트라도 할 자신이 있었다. 그러나 누구도 내게 그러라고 하지 않았다. 부양과 돌봄 중 선택할 권리가 내게는 한 번도 주어진 적 없었다. 이 비상 상황에서도 타인에게 이름과 직책이 불리고, 아이가 아닌 다른 것에 몰입할 수 있는 그가 부러웠다.

매일 샤워할 수 있고, 앉아서 밥을 먹으며, 낯선 이들 앞에서
구중중한 꼴을 보이지 않아도 되는 그의 일상이 부러웠다. 물론
그 역시 큰 성과를 낼 수도 없었겠지만 그렇다고 또 완전히
뒤처지지도 않을 것이었다. 우리 가족에게 닥친 이 엄청난
위기는 나와 그가 함께 돌파해야 할 것 같은데 왜 나만 멈춰서서
자신을 온전히 헌납해야 하는지 납득할 수 없었다. 그리고
그는 단 한 번도 나의 무력감에 대해 위로하지 않았다. 간병의
피로는 달래줄지언정 일을 그만둔 내가 느낄 고립감과 초조함,
허탈함에 대해서는 절대 언급하지 않았다. 아이가 나를 찾으니까,
아이에게는 엄마가 필요하니까, 즉 너는 신성아이기 전에 윤이
엄마니까 그런 의문을 품어서는 안 된다는 세상의 통념을 의도된
무언으로 대변했다. 실망이 차곡차곡 쌓이고 분노가 복리로 붙기
시작했다.

　육아휴직계를 정식으로 제출하기 전부터 나는 그렇게 일과
분리됐다. 사실 나는 일을 좋아한다. 인간의 본성에 위배되는
게 틀림없는 노동의 속성엔 여전히 익숙하지 않다. 다만 일을
통해 얻을 수 있는 소속감과 성취감을 좋아한다. 지금 내가 하고
있는 일은 더 좋아한다. 아이가 그토록 원했는데도 아이를 낳은
이후로 한 번도 일을 그만두지 않았다. 그만둘 생각도 안 했다.
아이에게 좋을 것이라 믿었고 때가 되면 아이도 이해해주리라
믿었다. 그 부작용일까? 급작스레 일을 그만두자니 나는 배포가
없고 아이는 어리광이 심하다. 항암을 하는 윤이가 그렇듯
내게도 부작용이 찾아왔다. 이렇게 뒤처지다 못해 다시는 현업에
복귀하지 못하리라는 조바심이 났다.

더구나 백혈병을 비롯한 혈액암은 다른 암에 비해 치료기간이 훨씬 긴 편이다. 대체 치료가 언제쯤 끝날지 가늠이 되지 않으니 마음을 편히 먹기 어려웠다. 원래도 성격이 급한 편이지만 최근 몇 년 동안 조급증이 더 심해진 것 같다. 나뿐 아닐 것이다. 언제부터인가 우리는 모두 시간의 표준을 '즉각', '당장'으로 삼고 있다. 생각해보면 아무도 먼저 강력하게 요청한 적 없는데 이제는 모두가 새벽배송을 당연하게 여긴다. 원하는 것에는 온라인으로 그 즉시 접근할 수 있다. 현 상태를 유지하는 기업은 외면받고, 직장인이 그러면 존중받지 못한다. 전 세계가 레드퀸 제국이다. 가만히 있으면 도태되고, 제자리를 지키려면 부지런히 달려야 한다. 숨이 턱에 닿도록 뛰어야만 한 발자국이라도 앞설 수 있다.

타고난 재주가 많지 않아 부지런히 노력해야 남들만큼 겨우 하는데 큰일이다 싶었다. 이렇게 멈춰 있으면 끝없이 뒤로 밀려날 것만 같아 서러운데 누구를 원망해야 할지 알 수 없었다. 아직 육아휴직을 11개월 더 쓸 수 있다고 했다. 출산 후 육아휴직을 오래 쓰지 않은 덕분에 회사에 적을 둘 수 있는 시간을 벌게 됐지만 복직 여부는 장담하기 어렵다. 국회의원 보좌진이라는 업무 특성상 더 그렇다. 소위 '감'을 잃으면 성과를 낼 수 없다. 국회 안팎의 상황은 늘 급변하고 유동적이며 사람을 기다려주지 않는다. 포털 뉴스 댓글을 매일같이 들여다본다고 '감'을 유지할 수 있는 것도 아니고, 정치과학서를 읽으며 내공을 기른다고 현업에 당장 써먹을 수 있는 것도 아니다. 직장인 혹은 사회인으로서의 나는 기약 없는 임시휴업에 들어섰다. 이 싸움이 끝난 후에야 재개장이든 업종 변경이든 고려할 수 있을 것이다.

마지못해 인정했지만 오랫동안 입맛이 썼다. 좋은 약도 아니면서 그렇게나 썼다.

병원도,
집도 싫다

항암치료는 보통 입퇴원을 반복하며 진행한다. 항암제의 대표적인 부작용 중 하나가 골수기능 저하인데 이로 인해 혈소판, 백혈구, 호중구 등 혈액수치가 정상 이하로 내려가면 치료를 지속할 수 없다. 그래서 일단 퇴원해 골수기능이 회복될 때까지 기다리는 것이다. 대략 2주를 쉬었다가 재개하는데 윤이는 표적항암제 다사티닙을 복용하고 있어 회복 기간이 1~2주 더 걸렸다. 병원에 있는 아이에게 최고의 희소식은 퇴원이었다. 케모포트에 연결된 링거를 빼는 즉시 로켓처럼 발사될 기세였다.

　　나도 그랬다. 처음에는 퇴원만 손꼽아 기다렸다. 하지만 입퇴원을 몇 번 반복하다 보니 퇴원이 그리 달갑지만은 않았다. 휴가가 아니라 파견근무나 출장을 가는 기분이었다. 오랜만에 집에서 편히 자는 잠은 달콤했지만 그만큼 피곤한 일도 많았다. 세끼 밥상을 모두 차려야 했고 아이는 편식을 했다. 길어지는 여름에 식중독이나 감염 위험이 커 배달 음식은 상상도 못 했다. 아이가 찾는 음식이 있더라도 늘 간 수치를 걱정하며 전전긍긍했다. 병원에 있을 때는 식사, 청소, 빨래 어느 것도 이만큼 신경 쓰지 않았는데 집에 오면 할 일이 두세 배로 늘었다. 전부

가사노동 때문이었다.

　나는 일을 좋아하는 것이지 노동을 좋아하는 것이 아니다. 청교도들처럼 노동이 최고선이라거나 노동이야말로 근본적으로 인간 정수의 일부라는 데는 결코 동의하지 않는다. 물론 그동안 부불노동이 아닌 가불노동을 해왔기 때문에 노동을 일로 포장하고, 내 가치를 인정받고 있다며 자위했을지 모른다. 사실 직장만큼 간섭이 심한 곳도 없다. 급여를 무기로 사람을 지배하는 수준에 가깝다. 다이어트 중이니 나 혼자 점심을 오후 3시에 먹겠다고 할 수 없고, 휴가를 쓸 때도 이래저래 눈치를 봐야 한다. 나름의 창의성을 발휘해 정성껏 작성한 기획안은 높으신 분들의 사정으로 반려되기 일쑤다. 그렇지만 적어도 일터에서 일을 하고 있으면 이 세계에 내가 당당히 발붙이고 있다는 느낌을 받는다. 무려 1949년에 출간된 『제2의 성』에서 보부아르가 말했듯 일은 "남성으로서의 경험", 즉 세계에서 나의 실존이 중요성을 갖는다는 것이 무엇인지 알려준다. 또 끝없이 반복되는 집안일과 달리 사회에서의 일은 비교적 창조에 가깝다. 실제 창조가 아니더라도 무언가를 새롭게 만들어내고 있다는 느낌만으로도 자기효능감을 적잖이 충족할 수 있는 것이다. 다른 사람들에게 적절한 역할을 기대받고 있으며, 잘해낼 수 있으리라는 자신감도 생긴다.

　하지만 집안일은 창조와 거리가 멀다. 창조의 전제는 자유인데 집안일에는 조금의 자유도 주어지지 않는다. 하고 싶어 하는 일이 아니고, 내 사정에 맞춰할 수 있는 일이 아니다. 빨래, 설거지, 다림질, 청소 등 대다수의 집안일은 무언가를 원래대로 되돌리는 일이다. 더러워진 것, 어긋나고 잘못된 것을 복원해서 원래의 상태로 되돌리려니 자유나 창의성을 발휘할 여지가 없다. 그나마 요리가 조금 숨통을 틔워주는데 재료에는 제약이 있을지언정 레시피는 내 맘대로 짤 수 있기 때문이다. 다양한 집안일 중 오직 요리만이 유일하게 전문직으로 분화한 데는 이유가 있다. 그러나 이 약간의 자유조차 주부의 가사노동에서는 온전히 허용되지 않는다. 매일 때 맞춰 삼시세끼를 차려야 하고, 어린아이는 아이대로, 쇠약한 노인은 노인대로, 콜레스테롤 수치가 높은 남편은 남편대로 각자에게 더 필요한 영양소를 집밥으로 보충해주어야 한다. 제철 재료를 사용해 식비를 아끼고 바깥에서는 찾기 힘든 엄마 손맛도 내야 한다.

부모로부터 독립한 성인이라면 더 이상 엄마를 찾지 말고 자신의 밥 정도는 자기가 해결해야 한다. 사서 먹든 직접 해 먹든 스스로 식사를 해결하고 밥그릇까지 말끔히 치워야 어른이다. 자신의 옷가지나 잠자리도 마찬가지다. 이 당연한 일을 아내가 해주는 동안 다른 한쪽은 필요할 때 야근을 하고, 마음 편하게 회식에 가며 자신만만하게 더 큰 일과 책임을 자처한다. 양육의 어려움보다는 잘 크고 있는 아이가 주는 기쁨을 더 자주 느낀다. 살림과 육아를 못하는 남자를 사랑스럽게 묘사하는 드라마와 영화들은 진부하지만 여전히 인기 있다. 요리를 잘하는 남자가 섹시하다지만 그 요리가 이유식이거나 환자식인 경우는 거의 보지 못했다.

원래 가까이 있는 것은 문제로 인식하기 어렵다. 등잔 밑이 어두워서 그렇다기보다 너무 가깝고 익숙하기에 이게 문제라고

인지하기가 어려운 것이다. 노력해서 해결해야 할 문제라고는 더욱더 생각하기 어렵다. 가사노동의 불균형이 바로 그렇다. 정치 또한 오랫동안 이 문제를 회피해왔다. 남의 집 문지방을 넘어 들어가 시시콜콜 간섭하는 것은 노조와의 교섭보다 어려운 문제로 여겨졌을 것이다. 이 오래된 불평등을 다시 로크먼은 '은밀하고도 달콤한 성차별'이라 했고, 애너벨 크랩은 '아내 가뭄'이라고 했다. 차별은 시대를 타지 않고, 가뭄은 지역을 가리지 않는다. 미셸 오바마의 인터뷰에 따르면 버락 오바마 전 대통령도 가사노동을 도외시했고, 김훈의『하얼빈』에 묘사된 안중근 의사는 아내 김아려에게 말도 못 할 정도로 큰 빚을 졌다. 그러나 이 가사노동보다도 더 박대받는 노동이 있으니 바로 돌봄노동이다. 인류의 생존에 반드시 필요한 일임에도 돌봄노동은 눈에 보이지 않고 평가절하되며 성별 균형은 지독하게 맞지 않는다. 또 세상은 여기에 모성이라는 유니폼을 입혀 그 민낯을 숨긴다.

일하는
여성

병원에는 일하는 여성이 아주 많다. 이 정도로 여성의 비율이 높은 곳은 그리 많지 않을 것이다. 종합병원에는 의사, 간호사만 있지 않다. 조무사, 임상병리사, 연구원, 이송사원 등 다양한 분야에서 정말 많은 여성이 일하고 있다. 그리고 이들 모두가 한결같은 선의와 따뜻함, 다정함을 지녔다. 오로지 자식의 일

앞에서만 자발적으로 윤리적 선택을 하는 나에 비해 이들은 매일 매일 일하는 내내 윤리적으로 생각하고 행동한다. 비록 급여를 받고 하는 일일지라도 이들이 수행하는 일은 반드시 개인의 헌신을 필요로 한다. 특히 간호사의 격무에 놀라지 않을 수 없는데, 이들은 너무나 많은 사람에게 동시에 신경과 마음을 쓴다. 그것도 3교대로 그렇게 한다. 환자와 보호자의 불안을 달래주고, 환자이기 전에 인간이 마땅히 지녀야 할 존엄을 보호해준다. 고도의 전문직이다.

윤이를 전담하는 B 교수님을 보면서도 감탄했다. 아픈 아이의 말은 보통 두 번의 번역을 거친다. 아이의 말이 있고, 엄마의 해석과 부연을 거쳐, 소아청소년과 의사의 진단이 된다. 윤이만 하더라도 건조한 피부가 당길 때는 "피부가 질겨", 속이 쓰릴 때는 "심장이 뜨거워", 발저림은 "발이 샤샤샤 해", 두통은 "머리에 들어 있는 큰 공이 자꾸 밖으로 나가려고 해", 조금 다른 종류의 두통은 "머리에 작은 돌이 잔뜩 들어 있는데 자꾸 안에서 달그락거려"라고 말했다. 그리고 선생님은 이 낯선 말들을 전부 간파했다. 다른 어른들은 대수롭지 않게 여길 아이들의 말에 늘 귀를 기울였다. 아이들에게 엄살은 있을지언정 꾀병은 없다는 사실을 잘 아는 소수의 어른이었다. 처치보다 경청이 우선했고, 꼭 필요한 치료로 아이를 위로했다. 상처받기 쉬운 약자를 존중하면서도 보호하는 강력한 윤리다. 여기에는 당연히 강력한 이성과 고도의 전문적 능력이 동반된다.

이렇듯 돌봄은 훌륭하고 창의적인 일이다. 돌봄은 본능으로

하는 것이 아니다. 이성적이지 않으면 누군가를 제대로 돌볼 수 없다. 여성, 특히 엄마의 타고난 기질이나 의무로만 여기면 안 되는 이유가 여기 있다. 여성이 지금껏 훌륭하게 수행해온 일이자 성과로서 이제라도 존중하고 인정하는 것이 우선이다. 리베카 솔닛이 "비존재"라고 명명한 여성들의 부재, 존재하지만 존재하지 않는 여성의 일을 더 이상 부정해서는 안 된다.

또한 돌봄은 윤리적이다. 자신보다 월등히 약한 사람, 어린이나 노인, 환자나 장애인을 돌보는 이들이 없었다면 세계는 진작에 작동을 멈췄을 것이다. 사실 아이를 돌보고 키우며 더 나은 세상을 만들기 위해 분투하는 것은 대체로 엄마들이다. 자신의 이익과 관계 없어도 오직 미래 세대를 위해 기후 위기를 걱정하고 불편을 감수하며 대안을 모색한다. 자신보다 약한 존재에게는 전쟁까지 불사하며 폭력을 서슴지 않는 인류의 야만의 역사를 생각하면 돌봄이 얼마나 위대한 완충 기능을 수행해왔는지 알 수 있다. 물론 개인의 선의와 윤리가 세상을 구원할 수는 없다. 빅토르 위고가 『레 미제라블』에서 숭고하게 그렸듯, 죽은 팡틴 대신 코제트를 훌륭한 어른으로 키워낸 장발장 같은 사람이 아무리 많아져도 한 사람의 선의만으로 사회의 구조적 문제를 해결할 순 없다. 결국 개개인이 자신도 모르게 실천하는 윤리적 행위, 바로 돌봄에 대한 평가가 정당하게 이뤄질 때야만 집단적 변화가 뒤따를 것이다.

그러나 여전히 갈 길이 멀다. 전 세계 어디를 가든 돌봄노동은 보통 여성이 수행하지만 이렇게 일하는 여성들의 보수와 노동조건은 형편없다. 급속한 고령화와 평균 기대수명의 증가로 돌봄에 대한 수요가 급증할 것이 불 보듯 뻔한데도

여전하다. 게다가 코로나19를 거치며 돌봄노동이 여성에게
전가되는 현실은 더욱 공고해졌다. 여성들은 진작에 부불노동을
거부하겠다고 선언하며 집 밖으로 뛰쳐나왔지만 시장은
여전히 성별 분업과 젠더 규범을 신봉하기 때문이다. 그래서
여성이 가사노동에서 벗어나 자신의 일을 찾는다 하더라도
진정한 해방을 맞기란 불가능하다. 등가교환이 이뤄지지 않는
돌봄노동은 집에서도, 일터에서도 여성의 발목을 잡고 결코
놓아주지 않는다.

　　그래서 오랜 시간 환자를 돌봐온 보호자들은 으레
자신의 팔자나 운명 따위를 비관하며 자신의 돌봄을
스스로 평가절하하기 마련이다. "고생이 많다"거나 "그래도
엄마가(가족이) 챙겨야지"라는 말은 좋게 들으면 응원, 나쁘게
들으면 방관일 뿐 돌봄의 고단함을 조금도 덜어주지 않으며,
돌봄에 대한 사회의 편견을 강화하는 데 일조한다. 그래서 나는
내가 병원에서 하는 이 행위를, 나 말고 다른 많은 보호자들이
시시포스가 돌을 굴리듯 매일 하는 이 과업을, 차마 돌봄
'노동'이라고 부르지 못하겠다. 노동이라고 하자면 이 일은
착취의 강도가 너무 심하고, 노동자의 소외는 정점에 이른다.
이보다 악질적인 노동조건도 없을 것이다.

　　그것을 모르지 않는지, 혹은 더 이상 눈감고 귀 닫기
어려웠는지 이제 시장은 돌봄에 다른 여성 노동자를 소환한다.
딸이나 며느리에게 의지하는 대신 중국인 간병인을 부르고,
외국인 가사도우미를 고용해 엄마의 빈자리를 채우려 든다.
기실 병원은 이미 외국인 간병인의 활약에 크게 기대고 있다.
보통 중개업체를 통해 파견되는 그들은 업체에서 지급한 같은

활동복을 입고 지내기에 알아보기 어렵지 않다. 50대 이상의 조선계 중국인 여성들이 대부분이다. 병원에서는 너무 당연한 풍경이라 새삼스러울 것도 없다만 외부의 시선이 고약하다. 위생 관념이 없고 자신의 잇속만 챙기며 환자를 소홀히 하니 그들에게 간병을 맡겨서는 안 된다고 입을 모은다. 내가 입원했을 때 봤는데 아픈 환자는 나 몰라라 하고 다 같이 배선실에 모여 청국장을 끓여 먹더라는 식의 황당한 루머도 많다. 그런데 정말 내가 봐서 아는데 모두 말도 안 되는 소리다. 한국인 중에도 어떤 보호자들은 이어폰을 사용하지 않고 볼륨을 한껏 높여 영상을 보거나, 화장실을 엉망진창으로 쓰고도 정리하지 않는다. 국적의 문제가 아니라 양식과 지각의 문제다. 그럼에도 불구하고 "요새 한국 여자들은 도통 힘든 일을 하지 않으려 해서 울며 겨자 먹기로 중국 여자들에게 돌봄을 맡길 수밖에 없다"라는 이 해괴한 논리가 사회의 강력한 지지를 받는다. 그렇게 한국 여성은 지탄의 대상이 되고, 중국 여성은 착취의 대상이 된다.

과연 여성은 최후의 식민지다. 최근 국회에서는 외국인 가사도우미에게 최대 5년간 최저임금을 적용하지 않아도 되는 법안이 제출되었다. 해당 법안을 발의한 남성 국회의원은 우리도 싱가포르처럼 월 100만 원 수준으로 가사도우미를 고용할 수 있게 되어 저출산 문제에 도움이 될 것이라 자신했다. 앞선 중국인 간병인 이슈와 정확히 동일한 차별 논리다. 조선족 시터에게 돌쟁이를 맡겼더니 드럼 세탁기 통 안에 가둬두고 외출하더라는 도시괴담이 성행하는 현실도 낯설지 않다. 한국 여성을 돌봄노동에서 해방시킬 수 있도록 저개발 국가의

여성에게 저임금으로 돌봄노동을 맡기겠다는 발상은 인종과
국경, 계급을 넘어 여성 일반을 하위주체로 여기기에 가능한
것이다. 기득권이든 그렇지 않든 남성이라면 누구나 쉽고
편리하게 돌봄노동을 무료로 위탁해왔기에 할 수 있는 생각이다.
일하는 여성이 일보 전진시킨 이 사회의 윤리는 일하지 않는
남성의 망상으로 이보 후퇴한다.

이러다 한국은
망할 거야

왜 둘째를 낳지 않느냐는 질문을 병원에 있을 때보다 많이
받아본 적이 없다. 할머니 환자, 보호자, 간병인과 대화할 때
윤이가 외동이라는 정보가 공개되면 으레 둘째 이야기가 나오고
만다. '역시 윤이는 남들 보기에도 의젓하구나', '그래도 내가 아직
젊어 보이나 보군' 하며 좋게 넘기려 하지만 엄마는 몇 살이냐는
질문까지 이어지면 슬슬 피로감이 몰려온다. 왜 아이를 더 갖지
않는지, 정말 모르세요?
　　2023년 발표된 한국의 출산율은 0.78명이다. 이쯤 되면
사실 파국이다. 실제 0.7명대의 출산율은 통일 직후 동독
수준이라고 한다. 하지만 진짜 나라가 망하겠다는 생각이 든
것은 정부가 발표한 대책을 보고 나서였다. 30세 전에 자녀를 셋
이상 둔 남성의 병역을 면제해주는 방안을 진지하게 검토한다고
했다. 저출산 대책에 그 막대한 돈을 쓰고도 여전히 빈곤한
상상력에 기가 찼다. MZ세대 남성들의 연애 포기, 결혼 포기

현상이 인구 감소의 직접적 원인이기 때문에 이를 우선 과제로 해결하겠다는 모양인데, 남성 중심의 인구 재생산 외에는 도저히 다른 방법을 생각하지 못하는 것일까. 여성은 당연히 남성과 결혼하고 아이를 낳을 존재라고 정부가 앞장서서 대상화하고 있다. 김치녀, 신도시맘, 맘충, 김여사, 돼지엄마같은 유령들은 바로 이런 편견을 먹고 자라며 실체를 얻는다. 급전직하하는 출산율 문제를 해결하려면 왜 여성들이 결혼을, 출산을 하지 않는가를 먼저 물어야 한다. 농촌 남성이 결혼을 못하거나, 구직 중인 남성청년이 연애를 하지 못하는 것은 그렇게들 걱정하면서 왜 여성은 단 한 번도 연애나 결혼의 주체로 상정하지 않는 것인가.

결혼을 하든 하지 않든 여성의 삶은 이미 고단하다. 산업화 이전에도 여성은 아이를 보고 온갖 집안일을 하면서 밭을 맸다. 한강의 기적은 어리고 가난한 여성 노동자의 피땀으로 일군 경공업에 뿌리를 둔다. 남성 노동자들이 주말도 반납하고 불철주야 일터에서 헌신할 수 있도록 가정에서 노동력 재생산을 책임진 것 또한 여성들이다. 집을 못 사 결혼을 못 한다는 청년들에게 나 때는 단칸방에서 시작했다고 충고하는 중년 남성들을 볼 때마다 생각한다. 남편들이 사무실에서, 현장에서, 시장에서, 거리에서 직업인으로서 자신의 경력을 쌓고, 노동에 대한 가치를 (부족하나마) 임금으로 교환할 동안 그 작은 단칸방을 온종일 지키고 있던 이들은 누구였을까. 성냥갑만 한 방에서 찌개를 끓이고, 빨래를 개고, 아이 기저귀를 갈고, 쌓인 먼지를 닦는 여성들의 노고를 누가 알아준 적이 있던가.

세계가 남자들을 고유의 이름으로 호출하는 동안, 여성은 언제나 누군가의 집사람이자 엄마, 그도 아니면 누군가의 누이로 살아야 했다.

8, 90년대를 지나며 여성의 사회 진출이 본격화되고 페미니즘이 여성들에게 세계로 향한 문을 열어주었지만 가사노동과 돌봄노동만큼은 여전히 음지에 남아 있다. 공적으로 평가되기는커녕, 일터와 가정에서 그림자처럼 여성 뒤에 달라붙어 영향력을 행사한다. 여성은 직장에서도 살림꾼이 되어야 하고, 돌볼 대상을 먼저 찾아 감정적 돌봄을 수행해야 한다. 그래서 여성의 노동은 이중으로 불평등하다. 집 바깥에서 하는 노동과 집 안에서 하는 노동 모두에서 여성은 더 많이 일하고도 더 적게 보상받는다. 심지어 아동, 노인, 장애인, 환자를 돌보는 여성의 노동은 측정되지조차 않는다. 모든 여성, 심지어 결혼과 출산을 선택하지 않아 "제 역할을 다하지 않았다"는 암묵적인 비판을 감수하는 여성들조차, 일생에 최소한 한 번은 돌봄을 자의 반 타의 반으로 감내해야 한다. 연로한 부모님을 돌보는 것은 오빠나 남동생 대신, 으레 딸의 몫이다. 평소 '사근사근한' 딸의 역할을 잘해온 여성이라면 돌봄을 누구보다 잘하리라 기대받으며 돌봄노동을 자연히 떠맡는다. 그렇지 않았던 여성이라면 이제라도 돌봄을 해서 자신의 존재가치를 증명하고, 그동안 미뤄왔던 과업을 완수하라고 요구받는다. 그렇다면 누군가를 돌보거나 키울 의무나 기회가 애초에 없는 여성은 여성이 아닌 것인가?

나는 일하는 여성, 멋진 커리어 우먼이 되어야 한다고

교육받았다. 공부를 제법 잘하는 딸을 둔 우리 엄마 아빠는 내가 대통령이 될 거라고 기대하며 나를 키웠고 결혼은 하지 않아도 좋으니 하고 싶은 일은 마음껏 하고 살라 했다. 가정에서도, 학교에서도 여자라는 이유로 뭘 하지 말라거나, 어차피 못할 거라는 말은 들어본 적이 없다. 하지만 부모님의 열렬한 응원이 무색하게도 내 삶은 그리 순조롭게 흘러가지 않았다. 나만큼이나 집안의 기대를 한몸에 받았던 내 친구들도 마찬가지다. 적어도 한국 사회에서 여자의 인생은 출산 전후로 완전히 달라진다. 계기는 결혼이 아니다. 출산을 하는 순간 인생 2막 따위로는 비유할 수 없을 정도의 변화가 찾아온다. 장르가 바뀌는 수준의 격변이다. 신혼 때 품었던 꿈, 아이가 태어나면 남편이 우리 아빠 세대와는 다를 거란 기대는 얼마 지나지 않아 무너진다. 남편에게 불같이 화를 내기도 하고, 무언의 태업으로 불만을 드러내보지만 소용없다. 결국 포기하게 된다. 남자는 여자와 달라서 여자처럼 아이를 잘 볼 수 없고, 그것이 당연하다는 통념을 강제로 인정하게 된다. 그럼에도 불구하고 우리는 딸에게 "Girls can do anything!"을 외치라고 말할 수 있을까? 나이키 광고에서나 볼 수 있는 공허한 말 아닌가. 세상이 요구한 대로 여성은 변했는데 남성은, 그리고 사회는 그 변화에 협조하지 않았다. 사회학자 앨리 러셀 혹실드가 말한 '지연된 혁명'이다.

당연히 출산율이 떨어질 수밖에 없다. 남편들이 가사노동을 하지 않는 것, 자신의 역할을 집 안에서는 찾으려 하지 않는 것, 이 지연된 혁명은 북유럽이든 아프리카든 세계 어느 나라에서나 마찬가지다. 한국에서 더욱 두드러질 뿐.

통계청이 5년마다 실시하는 '생활시간조사'에 따르면 맞벌이 남편의 가사노동 시간은 2004년 32분이었다가 2014년에 41분, 2019년에 이르러서야 54분이 된다. 1년에 약 1분 20초씩 늘어났다는 말인데 여성들이 결혼 생활을 할 만하다고 느끼려면 대체 몇 년을 더 기다려야 할까. 치사한 이야기지만 심지어 아내가 남편보다 돈을 더 벌어오는 경우에도 이 상황은 호전되지 않는다.

물론 지금의 아빠들, 현대의 가정적인 아버지들은 이전 세대에 비해 양육과 가사에 훨씬 많은 시간을 쓰고 있다. 꽤 많은 아빠들이 아이를 데리고 키즈카페에 가고 샤워를 시키거나 밥을 먹이기도 한다. 그러나 아빠들은 아직도 아이가 감기에 걸리면 어떻게 해야 하는지, 내년에는 어떤 학원을 새로 보낼 것인지, 아이가 특히 좋아하는 친구는 누구인지, 패딩점퍼를 언제쯤 새로 사주어야 하는지 등에 대해 무지하고 무감하다. 결코 먼저 나서지 않는다. 여전히 자신의 역할을 육아 보조에 한정한다. 엄마들의 기대에 전혀 미치지 못한다.

삶의 지혜라며 여자들에게 전해지는 조언은 여자를 더욱 미치게 한다. "남자들은 아이와 같아서 살살 구슬려야 일을 한다, 아이를 다루듯 어르고 칭찬하며 남편에게 작은 일부터 시켜봐라." 대체 왜? 애초에 성인이 아니라면 결혼을 하지 말았어야 하는 것 아닌가? 성인임에도 불구하고 여전히 타인에게 의존해도 된다고 생각한다면 그는 성인이 아니다. 그렇다면 아들을 이렇게 키운 어머니, 즉 여성에게 다시 책임이 돌아가는 것인가? 남자를 다루는 법을 체득하지 못하거나 안 하면 결국 그런 남자를 선택한 자신의 어리석음을 탓하는 것밖에 도리가 없다. 모든 책임이 어떻게든 여성에게 귀결되는 이 굴레를 도무지 벗어날 수 없다. 결국 많은 여성들은 "애 아빠가 뭐라도 하겠다니 그나마 다행"이라고 자조하게 된다. 게다가 주변에는 자신의 남편보다 더 게으르고, 아이에게 더 무심한 나쁜 아빠들이 언제나 있다. 이름도, 사는 곳도 정확히 모르지만 이런 남자들은 인터넷 커뮤니티를 통해, 리얼리티 예능을 통해 수없이 볼 수 있다.

집에서는 절대 밖에서만큼 일하지 않는 남편을 유인할 방책은 차라리 책이나 연구실에서 찾는 것이 더 낫다. 『은밀하고 달콤한 성차별』의 저자 다시 로크먼이 『결혼과 가족 저널』에 실린 연구 결과를 인용했는데, "가사를 3분의 1 이상 담당하는 남자가 그보다 적게 담당하는 사람보다 아내와 성관계를 많이 가진다는 내용이 발표되었다. 세계적으로 지난 30년간 결혼생활에서 성생활이 감소 추세를 보이는 가운데, 비교적 평등한 이 부부들에게서만 성생활 빈도수가 늘어났다"고 한다. 소위 타고났다는 남자의 기질을 고려할 때, 이 연구 결과를 있는 그대로 전하는 것이 남편들에게 가장 강력한 당근이 될지도 모르겠다.

나는 병원에서 남자 보호자를, 엄마 못지않게 아이를 능숙하게 간병하는 아빠들을 자주 만났다. 물론 엄마의 손길이 더 절실한 어린 동생이 있다거나 피치 못할 여러 사정으로 아빠가 오게 된 경우가 많았지만 그들의 돌봄에는 부족함이 없었다. 돌봄에 능한 성별은 따로 없다. 나와 함께 일했던 심 부장, 정 과장, 박 팀장은 모두 아내가 아닌 자신이 주양육자가 되어 아이들을 돌봤다. 양육은 여자만 잘할 수 있는 것이 아니다. 특이하게도 이들은 아내나 할머니에게 바통을 건네받으며 모두 제주도로 떠났는데 심 부장처럼 삶의 터전을 옮긴 이도 있었고, 정 과장과 박 팀장은 '제주도에서 한 달 살기'만 하고 오겠다고 했다. 본래 살던 집에서 갑자기 자신의 정체성이나 지위를 바꾸는 것은 어쩐지 머쓱했던 것일까? 어쨌거나 이들은 자의든 타의든 일터에서 나왔기 때문에 제주도로 갈 수 있었고 주양육자가 될 수 있었다. 더 이상 근태를 신경 쓰지 않아도 되고, 만국의 노동복인 넥타이를 멜 일도 이제 없으니 북적이는 도시에 굳이 남아 있을 이유도 없었으리라.

우리 사회는 개인 영역, 즉 문지방 너머를 더 들여다봐야 한다. 여성들의 사회 진출이 늘어나며 엄연히 공적 역할을 획득했는데 남성들은 가정 내 역할을 바꾸지 못했다. 순전히 아빠들의 직무유기 때문이라고만 보기는 어렵다. 남성들이 새로운 역할에 적응하도록 도와야 할 사회가 기존의 고정된 성 역할을 은밀한 방식으로 강화해온 탓이 크다. 이 낡은 프레임을 바꾸지 않는 이상, 한국의 출산율은 단 한 계단도 오르지 못할 것이다. 인구절벽, 출생률 쇼크에 효율적으로 대응하기 위해서만 필요한 시책이 아니다. 모두가 삶의 질을 올리고 행복을 추구하는 데 마땅히 필요한 과정이다.

누울 자리 봐 가며
야망을 가져라

회사를 다녀본 사람은 알 것이다. 불현듯 '이제 될 것 같다'는
느낌을 받을 때가 있다. 번듯한 직장이 아니더라도 조직에
소속되어 나를 노동상품으로 판매해본 적이 있다면 느껴봤을
감이다. 위로부터 인정받았다는 확신, 여기서 조금만 더 하면
나도 거기 올라갈 수 있겠다는 자신감, 지금이다, 드디어 기회가
왔다는 직감. 나도 그랬다. 이제야 상사와 동료들이 날 믿고
중요한 일을 맡기는구나. 나의 판단과 의견이 존중받고 있다고
느꼈다. 다가올 일과 일어날 변수를 더 자주, 정확히 예측할 수
있게 되었다.

　　어렵게 이룬 성취였다. 마케터에서 별정직 공무원으로
직업과 직군을 완전히 바꾼 직후였음에도 새 직장에 적응하고
안착하는 데 필요한 시간을 충분히 얻지 못했었다. 경력직답게
출근 첫날부터 미미하게나마 도움이 되어야 했다. 말 그대로
하루가 다르게 바뀌는 정세 속에서 내 존재가치를 증명해야
했다. 기존에 했던 일과 본질적으로 유사한 업무였지만 이곳은
'나'를 몇 배나 더 많이 요구했다. 나의 근무 외 시간, 창의력,
비판적 사고, 인맥, 취향, 문화적 자산 등 내 소유 중 귀하고
가치 있는 모든 것은 일에 가져다 썼다. 출퇴근길에는 어김없이
시사 라디오 방송만 들었다. 엘리베이터를 기다리는 중에도
포털의 정치 칼럼과 뉴스 댓글을 읽고 온라인 커뮤니티를
들락거렸다. '정치적 인간'이 되는 것은 어렵지 않았지만 조직의
논리를 체화하기까지 한참이 걸렸다. 정당은 생각보다 훨씬

보수적이었고, 불필요한 일에 지나치게 호전적이었다. 윤이는
국회가 싫다고 했다. 선거 때에는 아이 얼굴을 하루에 한 번도
제대로 보지 못할 때가 많았다. 오래전 광고회사에 다닐 때
철야에 가까운 야근이 싫어 결국 업계를 떠났었는데 제 발로
악의 소굴로 돌아간 격이었다. 남편도 국회가 싫다고 했다.
네가 속한 그 당은 더 싫다고 했다. 나는 그 반응까지 여론으로
취합했다. 조금만 참으면 될 줄 알았다. 아무도 나를 두고 '엄마는
우리 가족을 위해 돈 버느라 많이 바빠'라든가 '엄마에게 중요한
시기니까 조금만 기다려주자'라고 아이에게 변호해주지 않았다.
그런데 그렇게 참으니까 정말 됐다. 내부자로 인정을 받고,
하드모드에서 노멀모드로 스스로 업무 강도를 조정할 수 있는
자격을 얻었다.

　　재난은 바로 그 순간에 찾아왔다. 나 하나 골탕 먹이려고 온
세상이 작정했다는 듯 하필 그때 그렇게 찾아와 내 옷자락을 꽉
붙들었다. 정비하고, 세차하고, 기름 넣고 이제 막 출발하려는데
제동이 걸렸다. 나의 휴직은 정해진 수순이었고 그 끝은 자연히
퇴직으로 향할 터였다. 남편과 다른 가족들은 내게 회사는
어떻게 할 거냐고 물었다. 그보다 선행되었어야 할 질문인 "윤이
간병은 누가 해?"는 단 한 번도 발화된 적 없었다. 입 밖으로
꺼내지 않았을 뿐만 아니라 속으로 생각만 했을 이도 아마 나
빼고 없었을 것이다. 그러나 나 역시 그 질문을 던질 수 없었다.
마땅한 대안이 없기도 했거니와 작고 연약한 생명이 내게
직접 보내는 구조신호를 도저히 외면할 수 없었다. 생애 처음
맞닥뜨린 대형사고 앞에서 관리책임의 정, 부가 누구인지 따져

물을 여유도 없었다. 그 의무를 다른 이와 나눠질 수 있냐고 묻는 것 자체가 죄스러웠다. 그 다른 이가 남도 아닌 가족이더라도, 아이의 아빠일지라도 재난의 1차 책임자는 결국 나여야 했다. 이 명약관화한 상황을 인식하고 이해하기는 어렵지 않았다. 순응하기 힘들었을 뿐이다. 엄마라는 역할을 갖기로 선택했다면 잔말 말고 이 정도 희생은 치러야 하는 법이라고 체념했다. 모든 아이는 제 엄마로부터 얻어내야 할 돌봄의 총량이 있어서 그간 도외시했던 돌봄의 채무를 이렇게 일시불로 추심당하는 것이라 생각했다. 엄마인 주제에 대체 무슨 야망을 가지려 한 것인지 내 과욕을 반성하고 금욕했다. 누울 자리 봐 가며 발을 뻗었어야 했다.

갑작스러운 하차에도 회사는 나를 원망하지 않았다. 엄마로서의 역할에 최선을 다할 것을 격려하고 응원했다. 든 자리도 그저 그렇고, 난 자리도 아쉬운 사람이 아닌 것 같아 속이 쓰렸다. 사회의 편견이 만들어낸 폐 끼치는 워킹맘으로 낙인찍힌 것만 같았다. 설사 복귀한다 한들 이제 누구도 나를 유능하고 위협적인 경쟁자로 여기지 않을뿐더러 믿을 만한 파트너로 택하지 않을 것 같았다. 그 어느 때보다 지독한 자기검열과 인정투쟁이었다. 그러나 실은 윤이가 아프기 전에도 나는 그랬다. 아이를 돌보는 엄마라는 정체성이 내가 맡은 일에 조금도 타격을 주지 않는다는 것을 입증하려고 무진 애를 썼었다. 당시 내게 돌봄이란 회사에서의 내 브랜딩 요소에 가까웠는데 주말에 아이와 겪은 작고 귀여운 소동을 대화 중 풀어낸다거나 비슷한 처지에 있는 다른 여성들과 고충을 함께 나눌 때 동원하는

식이었다. 주로 남성인 상대가 듣기 불편하지 않을 정도로
수위를 조절했고, 자신의 시간을 온전히 일터에 헌납하는
노동자로서의 정체성을 위협하지는 않는다고 안심시켜야
했다. 노동하는 인간이기에 인간 본성으로부터는 소외되지만,
엄마이기에 고귀한 모성애로부터는 소외되지 않는 사람이어야
했다. 그 혜택으로 여성과 육아, 돌봄에 관한 사안에서는 내게
약간의 이니셔티브가 주어졌다. 아마 소속 상임위원회가
보건복지위원회나 교육위원회였다면 브랜드 효과가 조금 더
컸을 것이다.

　이제 나는 안다. 일하는 엄마가 졌던 돌봄 부채를 일거에
중도상환한 지금에서야 주저 없이 확신하게 됐다. 여성의 야망은
마치 식욕처럼 사회로부터 통제받는 욕망이라는 것을. 록산
게이는 고백록 『헝거』에서 자신이 겪었던 허기와 몸에 대한
편견이 얼마나 지독하고 야만적인지 토로한다. "내가 아무리
눈부신 성취를 하더라도 나는 뚱뚱할 것이고 그것이 그들에겐
가장 중요한 사실인 것"이라는 그의 단언은 슬프게도 현실이다.
나는 그 허기를 여성의 야망이라 읽는다. 다이어트를 강요받는
여성의 몸은 누군가를 '돌보는 신체'로 확장한다. 식욕이라는
인간의 본성을 드러냈다는 이유만으로 미움받는 사람은 없다.
그러나 사회의 통념보다 식욕이 강하거나 살이 찐 여성은
공개적으로 지탄받는다. 뚱뚱하다는 이유만으로 개인의 몸은
공공에 전시되고 평가받는다. 허기를 잘 느끼지 않고 참아낼 줄
아는 마른 몸이 여성에게 공공연히 강제된다. 여성도 야망을
가질 수는 있다. 하지만 그 야망이 절대 과해서는 안 되며, 언제든

누군가를 주저 없이 돌볼 수 있을 만큼만 허가된다. 지나치게 야망을 좇다 돌봄에 실패한 여성은 뚱뚱한 여성처럼 이등시민이 된다. 물론 최근의 위선적 태도는 여성의 비만도, 야망도 대놓고 경멸하지 않는다. 죄의식을 갖지 말라고 속삭이며 우리가 도와주겠다고 손짓한다. 욕망을 추구하는 몸은 나쁜 몸이 아니라 교정해야 할 몸이다. 그러나 "나이가 들수록 인생은 대체로 우리 욕망이 추구하는 방향으로 가게 마련이라고 이해하게 된다. 우리는 원하고 원하니까. 아, 우리는 얼마나 원하는가. 우리는 허기로 가득하다."

내가 확실히 알게 된 것이 하나 더 있다면 그렇게 물먹고 나서도 나는 여전히 허기로 가득하다는 것이다. 그리고 바로 그 허기가 병원에서의 지난 시간을 버티게 해준 원동력이자 우울의 심연에서 나를 건져 올린 구명정이었다.

3막: 가족 내 정치

나의 적은 가부장제가 아니라
키치예요

누가 더 힘든지 따져 묻지 말자고 수차례 다짐했지만 남편은
해도 정말 너무했다. 일단 그는 학원을 운영하기 때문에 다른
직장인 아빠들처럼 휴가를 내 나와 교대해주지 못했다. 토요일도
늦은 오후까지 학생들을 가르치느라 정작 윤이는 아빠와 함께 할
시간이 일요일뿐이었다. 시험 기간에는 그마저도 어려웠다. 각종
서류를 챙겨 보험사에 제출하고, 수혈에 필요한 피를 구하는
것은 그의 몫이었지만 일회성이거나 비정기적이었다. 결국 그의
역할은 병원-집 간 보급선에 한정됐는데 일주일에 두어 번씩
병원에 들러 빨래를 가져가고 부족분을 다시 채워주는 일이었다.
그래봐야 수건, 옷가지, 일회용품, 레토르트 식품, 아이 장난감
정도였는데 이마저도 엉망이었다. 같은 말을 여러 번 반복하게
하고, 일머리가 없는 신입사원처럼 굴었다. 매번 아주 구체적으로
목록을 작성해 한 번에 보내주어야만 누락이나 오배송이 없었다.

   그는 결코 이렇게 무능한 사람이 아니다. 그런데 왜
자신의 좋은 자질과 유능함을 돌봄에서는 발휘하지 않는 걸까?
고의인가? 생각해보면 내가 직장을 다닐 때도 마찬가지였다.
나의 출근 준비 때문에 새벽잠을 설친다는 그의 불평에 나는
다음 날 입을 옷까지 전날 밤에 미리 챙겨놓고 닌자처럼 집을
나섰다. 내 하루의 시작보다는 아침에 윤이를 챙겨 등교시킬
그의 컨디션을 최상으로 유지하는 것이 더 중요하다는 데
기꺼이 동의했다. 등교를 마친 오전 9시 즈음이면 어김없이

그의 불퉁한 메시지를 받았다. 아이 물병이 무거워 책가방이 한쪽으로 쏠린다, 아이 머리를 묶어주기 어려우니 짧게 잘라라, 얼마 전에 산 아이 손목시계는 어디에 두었냐, 아이의 신경질이 날로 심해지니 일찍 재워라 등 끝도 없었다. '기집애' 같은 불평은 매일 소재가 바뀌었고 다정하게 어르기에는 나도 너무 바빴다. 아이를 걱정한다기보다 네가 당연히 했어야 할 일을 내가 하느라 피곤하고 짜증이 난다는 속내를 그는 어설프게라도 숨기지 않았다. 나 또한 당연히 알았지만 끝까지 모른 척했다. 그렇게 일하다, 야근하는 동료들 눈을 피해 다시 닌자처럼 퇴근했다. 윤이는 내가 언제 오는지 알면서도 돌봄 선생님께 매일 수차례 내 퇴근 시간을 물었다. 선생님이 가시면 저녁밥을 차려 윤이와 같이 먹고, 윤이와 남편이 다음 날 아침에 먹을거리까지 준비해뒀다. 온 가족이 유일하게 모이는 주말엔 평소와 다른 특별한 요리를 했다. 그렇게 번 돈으로 대출을 갚고, 돌봄 선생님께 급여를 드리고, 생활비와 아이 교육비를 충당하고 할부로 식기세척기를 샀다.

　　그는 그대로 불만이 쌓여갔다. 이건 제대로 된 삶이 아니라고 했다. 목표도, 보람도 없이 무의미하게 하루를 버텨내기 바쁜 이 생활을 언제까지 지속해야 하냐고 거듭 물었다. 매일 아침 아이와 전쟁을 벌이고, 주유소에서 급유하듯 허겁지겁 혼자서 밥을 챙겨 먹는 시간이 편했을 리 없다. 늦은 시간 집으로 돌아오면 어둡고 적막한 거실만이 그와 마주했을 것이다. 남편은 자기가 퇴근한 후 단 10분이라도 나와 대화하고 싶다고 했다. 얼굴을 보고 오늘 하루 어땠는지, 이번 주말에는 뭘 하며 보낼지 카톡이 아닌 육성으로 이야기하고 싶다고 했다. 코로나가 기승을 부릴 때는 밖에서 식사를 해결하기 어려우니 여유가 되면 도시락을 싸줬으면 좋겠다고도 했다. 집에 있는 밥과 반찬만 줘도 충분하다면서. 부당한 요구는 아니었다. 부부간에 대화 좀 하자는데 거절하는 쪽이 오히려 이상하다. 문제는 내 시간이었다. 남편의 바람대로라면 한사코 안 자려는 아이를 어떻게든 10시 전에 재우고, 다시 일어나 자정 즈음에 그와 대화한 후, 다음 날 새벽 6시 전에 일어나 출근해야 했다. 밥솥 안의 밥과 냉장고 안 반찬을 도시락통에 담는 일이 내게는 간단해도 부엌일에 서툰 그에게는 낯설고 부담스러울 수 있다는 것도 모르지 않았다. 내가 아직도 내 차 에어컨 필터를 직접 갈지 못하는 것과 비슷한 경우일지 모른다. 사실 그의 요청을 처음부터 외면하려던 것은 아니었다. 보좌진으로 일하며 가사와 양육까지 책임지려니 더 이상의 돌봄이 버거웠을 뿐이다. 누군가를 '보좌'한다는 일이 그렇다. 일반적인 상사-부하 관계 이상의 감정노동, 일종의 돌봄노동이 필연적으로 동반된다. 회사에서는 아이 챙기듯 의원을 모셨다. 집에 가면 의원에게 하듯 아이를 대했다. 자연히 누군가를 더 돌볼 여력이 남아 있지 않았다. 조금이라도 여유가 생기면 나부터 챙겼다. 그렇게 남편을 밀어냈다. 서운해하리라는 걸 알았지만 둘 다 어른이고 지금 우리는 전투하듯 육아 중이니 그런 사소한 감정에 연연해서는 안 된다고 생각했다. 협의한 적 없는 노선에 동행할 것을 한마디 말도 없이 강요했다. 그러나 그 또한 대안 없는 비판자, 무책임한 방관자일 뿐이라는 사실은 달라지지 않았다.

더구나 그는 잘 교육받은 사람이다. 그는 진보적이다. 사실 그가 진보적이라는 평은 맞으면서도 틀린데 휘트니 휴스턴이 노래를 잘 부른다는 말과 비슷하다. 노래를 잘하는 것은 사실이지만, 그 한 문장으로는 휘트니 휴스턴이라는 사람을 제대로 설명하기에 매우 부족한 것과 같다. 내가 그를 좋아하는 것은 그가 그저 진보적이기 때문만은 아니다. 그가 부정의를 비판하는 것으로 자신의 윤리를 웅변하지 않기 때문이다. 그는 그런 사람이 아니다. 직접 행동하지 않을 바에야 차라리 말을 얹지 않는 사람이다. 대학에서 처음 만났을 때부터 지금까지 한결같다. 동시에 내가 그를 미워하는 건 그가 정확히 가사와 돌봄에서만 특유의 진보성을 잃기 때문이다. 주디스 버틀러를 읽었던 그가 이 문제를 모를 리 없다. 그가 부모 세대보다는 몇 배나 더, 그 또래의 전형적인 한국 남자들보다는 훨씬 더 윤이를 잘 돌보는 것은 가사노동의 불평등에 적어도 논리적으로는 수긍한다는 뜻일 것이다. 그 시간이 길지는 않지만 윤이와 함께 있을 때 그는 섬세하고 사려 깊다. 아이 뜻대로 신나게 놀아주다가도 바람이 차면 아이 목에 손수건을 둘러준다. 자기가 요리를 하진 않지만 배고프다고 아이를 데리고 아무 식당에나 불쑥 들어가지 않는다. 그는 아마도 윤이와 있는 매순간 자신의 기준하에 최선을 다했을 것이다.

그렇게 갈등이 봉합되지 않은 채 위기를 맞았다. 아이가 아프고, 가계 수입은 줄었으며, 양육에 간병이 더해졌다. 여전히 협의가 부재한 중에 나 혼자 전적으로 아이를 챙기게 됐다. 부담이 과중하다 불평하면 그는 자연히 돈 문제를 꺼내들었다.

그 연결과 반응이 어찌나 빠르고 한결같은지 경제적 능력에 대한
선망은 학습효과가 아니라 남성의 본능인가 오해할 정도였다.
하지만 나는 단 한 번도 그에게 생계부양자가 되라고 등 떠민
적 없다. 돈은 부부 중 누가 벌어도 상관없다. 다만 지금의 윤이,
아직 엄마를 찾는 어린 딸에게 내가 더 절실하게 필요하니까
내가 아이를 돌보는 것뿐이다. 남편 주장대로라면 남성이 가족을
가장 잘 돌볼 수 있는 방식은 남성 단독 생계부양자 모델이라는
말인데 시대착오적일 뿐 아니라 해고와 폐업이 일상화된 지금의
자본주의 체제에서 지속가능하지도 않다. 적어도 나는 그러한
유형의 돌봄으로 가족의 사랑을 확인하지 않는다. 그의 벌이와
관계없이 나는 일하고 싶어서 일한다. 그리고 나 역시 그가 내게
원했던 돌봄, 하루 세 끼 밥을 챙기고 밖에서 상처받은 감정을
보듬어주는 돌봄을 누군가에게 받고 싶다. 사실 이러한 형태의
돌봄노동이 바로 국가와 자본이 개별 가정에 오랫동안 강요해온
노동력 재생산 기능이다. 일하는 사람들은 누구나 돌봄을 필요로
할 수밖에 없다. 정부의 보편복지는 쇠잔해지고, 대기업의
직원복지는 그 수혜자가 극도로 한정되어 있기에 더욱 그렇다.
국정감사 기간이나 선거 시기, 혹은 절대 예측할 수 없는 정치
현안이 터지면 나도 남편처럼 끼니를 거르며 일했다. 식어버린
배달 음식을 하도 먹다 보니 나중에는 뭘 먹어도 입에서
플라스틱 맛이 났다. 감정이 소진되도록 글을 쓰고, 비판과
비난의 경계가 모호한 말을 하루 종일 주고받은 날이면 편의점
직원에게 삼각김밥 다 나갔냐고 물을 때도 버벅거렸다. 하지만
회사에서 내가 뭘 먹는지 그가 걱정해준 적은 단 한 번도 없었다.

일을 하든, 하지 않든 나는 내 자리에서 내 역할을 다하느라 숨이 턱까지 찼는데 그는 최소한의 돌봄 책임도 지지 않는 것 같아 부아가 났다. 여느 직장인들과 근무 패턴이 달라 시간을 내기 어렵다는 변명을 이해는 했으나 더 너그러울 순 없었다. 공식 일정이 어긋나 생기는 돌봄의 틈을 아내 혼자 메우고 있다면 남편이 자신의 사업을 먼저 한번 돌아보길 바랐다.

하나밖에 없는 아이를 거의 돌보지 못할 정도로 바쁜 직업이라면 그가 자주 쓰는 말처럼 '실천적 대안'을 찾아야 하는 것 아닐까? 엄마들은 자신의 돌봄에 경고등이 켜졌을 때 변명하지 않는다. 아니 해봤자 아무도 들어주지 않는다. 엄마의 몫은 전체이자 마지노선이다. 그래서 엄마들은 코로나 팬데믹이나 경제불황, 가혹한 회사 탓도 하지 않는다. 처음부터 일과 돌봄을 저글링하며 살아왔기 때문이다. 더 정확히는 지금껏 일과 돌봄이 구분되지 않는 삶을 꾸려왔고, 그래서 돌봄이 자신의 또 다른 일인 것처럼 살고 있기 때문이다. 나 역시 그가 단 한 번만이라도 돌봄에 절실해지기를 바랐다. 자신의 일만큼이나 돌봄에 치열해지기를 기대했다. 그건 엄마의 의무가 아니라 부모의 의무다.

상황이 이 정도로 치닫자 이제는 그가 나를 속이는 것은 아닌지 의심스러웠다. 평소 그의 세계관과 달리 남성인 자신의 일만 중요시하고, 나의 일은 부차적인 것으로 취급하는 것이 분명하다는 누명을 씌웠다. 나는 아내이자 엄마인 동시에 직업인이었고, 내 정체성의 상당 부분은 나의 일에 토대를 두는데도 불구하고 그가 직업인으로서의 나, 여자인 나를 존중하지 않는다고 확신하려 들었다. 하지만 내가 아는 그는 결코 그렇게 생각할 사람이 아니다. 정말 '그런 사람'이었다면 애초에 이 결혼은 성사되지 않았을 것이다. 나는 '그런 사람'에게 성적인 끌림을 느끼지 못한다.

알고 싶었다. 그는 대체 왜 그럴까? 도리스 레싱은 "용서는 자신이 이해할 수 없는 일에 대해 하는 것"이라 했다. "뭔가를 이해한다면 그것을 용서할 수 없"기 때문이다. 그의 소설 속 여자들은 그렇게 남편을 용서하다 파경을 맞거나 불행해졌다. 나는 남편을 용서하는 대신 이해하고 싶었다. 반대로 나도 그에게 이해받고 싶었다는 뜻이다. 가사나 양육은 여자가 더 잘한다며 나를 전문가로 임명하고 엉덩이를 빼는 그의 태도는 너무나 뻔하고 상투적이라 내가 사랑에 빠졌던 바로 그 사람이 아닌 것 같았다. 아무리 부딪혀도 의문은 도통 풀리지 않았다. 단도직입적으로 물어봐야 나오는 대답은 크게 A. '그래도 나 정도면 괜찮지 않아?'와 B. '왜 효율적으로 할 수 있는 일을 어렵게 하려 들어?' 두 타입이었다.

'윤이는 나 혼자 낳았어? 이 집은 당신 집 아니야?' → A.

'당신도 한번 직접 해봐. 어린애 밥까지 챙겨줄 수 있어야 진짜 육아 분담이지.' → B.

'아빠가 집안일을 잘해야 딸이 좋은 남자를 고를 줄 알게 된대. 어떻게 생각해?.' →A.

'나도 다시 일해야지. 애 보는 거 이제 진짜 나눠야 하지 않아?.' →B.

그는 알아야 했다. 그를 비롯해 이 시대 남자들의 돌봄에는 알맹이가 없다는 것을. 그들이 사용하는 사랑의 언어는 천편일률적이고, 현실을 외면한 채 관념으로만 존재한다. 그래서 그것은 키치다. 소도시 변두리에 느닷없이 들어선, 먼 나라의 르네상스 양식을 조야하게 흉내 낸 왕궁예식장 같은 키치다. 책에서 본 성평등을 흉내 내고 아직 실현되지 못한 인간해방을 추종하고 있지만 결국 그 본질은 가부장제인 가짜 성곽이다. 또한 그것은 밀란 쿤데라의 키치, 똥을 부정하다 못해 마치 존재하지 않는 것처럼 구는 태도로서의 키치다. 돌봄의 현장은 어디나 처절하고 불완전하며 때로는 똥기저귀처럼 추하다. 그런데 이 체험에 동참하지 않고 부정하며 아름다운 환상으로 돌봄의 정의를 새로 내리는 한국식 라떼파파의 태도가 바로 키치다. 독박육아의 현실을 부정하고 말뿐인 가사 분담, 공동육아를 앞세우며 좋은 아빠이자 다정한 남편으로 행세하려는 허위가 바로 키치다. 그들은 돌봄이 어떤 것인지, 사랑이 무엇인지 끝내 모른다. 이 키치적 돌봄은 "앞은 파악할 수 있는 거짓이고, 뒤는 이해할 수 없는 진리"라는 키치의 특성에도 정확히 들어맞는다. 모성이 타인이 만든 환상이라면, 부성은 스스로 만든 키치다.

그럼에도 불구하고 나는 그를 여전히 이해하고 싶다. 용서나 체념은 답이 아니다. 물론 이 모든 것이 그의 잘못만은 아니다. 어쩌면 그는 다른 남편에 비해 부당할 정도로 과도한 비판을 받았을지도 모른다. 그렇다고 또 그가 잘한 것도 아니다. 과연 어떻게 해야 사랑하는 남자가 자행하는 '남녀차별'을 철폐할 수 있을까? 내가 힘들 때마다 스스럼없이 기대온 바로 그 어깨에 언제쯤 정치적 잣대도 나란히 드리울 수 있을까? 아포리아다. 당사자도 모르는 새 쉼 없이 형태와 성분을 바꾸는 사랑, 그 사랑을 지속시키는 것 자체가 난제다. 우리는 결혼이라는 사회계약 관계를 맺으며 영원한 사랑을 공약하지만 사랑의 구체적인 형태에 대해서는 거의 이야기하지 않는다. 아이가 생기고 부부간 일대일의 관계를 넓혀 삼각형, 사각형을 만들어야 할 때, 새롭게 변하는 사랑의 형태에 대해서 공론화한 적 있던가. 사랑이라는 말이 겸연쩍다면 배우자에 대한 도리, 혹은 서로에 대한 의리라 해도 좋다. 다 떠나 결혼 역시 광의의 계약관계에 포함된다면 적어도 계약 주체의 역할과 책임에 대해서는 분명히 해두어야 하는 것이 아닌가.

이제 우리 관계가 좀 안정된 것 같다며 안심할 때 사랑은 이내 모습을 바꾼다. 아이라는 꼭짓점이 새로 생기며 파생된 평면도형은 곧 양가 부모님이라는 축을 더해 3차원의 입체도형, 가족으로 확장된다. 오로지 아이라는 매개를 통해 완벽한 타인들은 드디어 가족이 된다. 노인들은 손주를 보며 자신과 자식의 과거를 회고하고 긍정한다. 아이가 없다면 명절이나 기념일에 만날 때마다 생기는 어색함을 견디기도 무척 어려울 것이다. 저마다 형태가 다른 가족이라는 입체도형 안에서 사랑은 고정되지 않고 부유한다. 그 성분이나 입자는 대개 돌봄일 것이다. 남편에게 숱하게 던졌던 질문으로 다시 돌아가보자. 사랑=돌봄인가? 나는 그렇다고 생각한다. 아이와의 관계에서뿐 아니라 부부 사이에서도, 차츰 확장하는 가족의 틀 안에서 서로를 돌봐주고 돌봄받기를 기대한다. 승패가 나지 않는 이

지난한 전투에도 불구하고 내가 그를 여전히 사랑하는 만큼 우리의 사랑이 키치가 되지 않기를 간절히 바란다. 안 그래도 부유하는 사랑을 부러 뒤흔들고 의혹을 제기하며 이를 정치라고 부르겠다고 다짐한 이유가 바로 여기에 있다.

돌봄은 어떻게
비극이 되는가

사랑과 돌봄이 유착되어 있듯 내게는 일과 돌봄도 구분되지 않는다. 유리잔에 밀도가 다른 두 액체를 부었을 때 층을 이루며 분리되듯 일과 돌봄이 깔끔하게 구분되면 얼마나 좋겠냐마는 적어도 나의 경우에는 그렇지 않다. 두 액체가 서로 분리되어 어느 한쪽이 다른 한쪽의 위나 아래로 이동하려면 단위 부피당 질량이 달라야 한다. 그래야 밀도차가 발생한다. 그러나 일과 돌봄이라는 두 과업의 질량, 그러니까 내가 받는 하중은 다르지 않다. 당연히 둘 간에 밀도 차이도 없다. 일과 돌봄은 연속적으로 이어지는 내 시간에 돌연히 균열을 내고 불시에 제 모습을 드러낸다. 회사에서 맹렬히 키보드를 두드리다 말고 '아차, 돌봄 선생님께 전화를 드려야지' 하는 식이다. 반대로 브로콜리를 앞에 두고 아이와 입씨름을 하던 중에 회사의 급한 연락을 받기도 한다.

사실 돌봄은 노동의 속성 자체가 가변적이며 유동적이다. 살아 움직이는 사람을 돌보는 일이니 당연하다. 나중에 먹을

요량으로 초콜릿 몇 조각을 은박지에 싸서 냉장고에 넣어놓는 것처럼 돌봄에 쓸 수 있는 시간만 따로 똑 떨어트려 놓는 것이 불가능하고, 지금은 바쁘니 나중에 대처하자고 미룰 수도 없다. 아이가 예고를 하고 아프다거나, 엄마가 정시퇴근하는 날을 골라 바이러스를 옮아 오는 것이 아니기 때문이다. 그래서 돌봄은 유난히 아웃소싱이 어렵다. 현재 대다수의 돌봄 서비스는 시간을 단위로 환산된다. 돌봄을 받을 아이가 누구이며, 어떤 특징을 가지고 있는지는 크게 중요하지 않다. 아이에게 투여할 시간이 연령, 지역과 같은 하위 조건에 따라 재분류된 후, 시장에서 시급이나 주급으로 교환된다. 국가에서 제공하는 돌봄 서비스 역시 마찬가지다. 엄마가 일, 혹은 어떤 이유로든 아이와 분리된 동안, 아이를 맡아줄 수 있는 공간과 그 공간의 관리자를 제공하는 것으로 국가는 돌봄의 책임을 다했다고 여긴다. 여기서 소수의 관리자는 자신이 처한 노동조건상 다수의 아이를 안전하게 데리고 있다가 무사히 부모 곁으로 돌려보내는 것에 집중할 수밖에 없다. 그 과정에서 돌봄 선생님은 자신의 노동으로부터 소외되고, 아이는 즐겁게 누렸어야 했을 자신의 시간으로부터 소외된다. 밖에서 보기에 필요한 만큼, 딱 엄마가 곁에 없을 때만큼만 잘라내서 돌봄시간과 수당을 제공하는 것은 역설적이게도 아이를 철저히 주변화한다. 매일 자라고, 하루가 다르게 변화하는 아이를 돌보기에 지금의 돌봄 서비스는 너무 파편적이고 산발적이다.

국가가 도와줄 테니 애 낳을 용기를 내라고 하지만 이렇듯 국가의 눈은 여전히 어둡고, 손길은 거칠다. 그래서 많은 부모들은 교육보다는 사실상 보육의 기능을 담당하는 태권도장과 피아노 학원에 기댄다. 아이가 너무 어리거나 학원에 다니기 곤란한 사정이 있어 이마저도 어려울 경우에는 당연하듯 익숙하게 조부모가 소환된다. 그렇게 돌봄은 결국 다시 가족의 몫으로 돌아온다. 수요일은 미술학원 버스가 조금 일찍 오는 경향이 있으니 아이와 5분 먼저 나가서 기다려야겠다는 판단을 자발적으로 할 수 있는 돌봄 노동자는 오직 친밀한 관계의 (가족) 구성원뿐이기 때문이다.

바로 여기서 비극의 스핀오프가 탄생한다. 약자가 약자를 돌보는 풍경은 서글프다. 노인과 아이 모두 이 사회에서 보호와 존중을 받아야 할 대상이지 눈칫밥을 먹어야 할 이들이 아니다. 어린이는 어른들이 자신 때문에 힘들어하는 것 같아 풀이 죽고, 노인은 손자라도 돌보지 못하면 밥값도 못하는 신세인 것 같아 죄스럽다. 치열했던 지난날의 보상으로 다소나마 여유를 즐길 자격이 충분한 노인들이 젊은 시절 이상의 고단한 삶을 버텨내고 있다. 사회에 물려줄 것은 지혜뿐이면 되는 이들이 염가, 사실상 무급에 가깝게 자신의 노동력을 헌납해야 하는 상황은 이 시대가 만들어낸 또 하나의 비극이다. 오로지 나이가 많다는 이유로 고용시장에서 밀려나 자신이 하고 싶은 일을 직접 고르지 못하고 노동에 대한 모든 선택권을 박탈당하는 연령 차별은 이 비극의 전사다.

나의 경우

나 또한 이 비극의 역사를 답습하지 않을 수 없었다. 윤이가
어린이집과 유치원, 즉 보육기관 소속일 때는 차라리 나았다.
각 유치원마다 편성되어 있는 방과 후 돌봄과정이나 종일반에
입소하면 오후 네다섯 시까지 윤이를 맡길 수 있었다. 아침
등원은 아이 아빠가, 하원 이후는 내가 탄력근무제를 이용해
책임졌다. 문제의 시작은 초등학교 입학이었다. 교육기관인
초등학교는 아이 돌봄에 도움은 줄 수 있을지언정 책임은
분담하지 않는다. 저학년 아이들은 급식을 먹고 대개 오후
1시면 하교한다. 오후 시간을 학교에서 더 보내려면 돌봄교실에
입소하거나 방과 후 교실을 수강해야 했는데, 신도시 과밀
학교의 돌봄교실은 매 학기 공개 추첨으로 인원을 제한했다.
추첨 방식은 매우 고전적이게도 탁구공 뽑기였고, 행운의 주황색
공을 뽑을 확률은 늘 30퍼센트 아래였다. 나는 윤이가 다섯
학기를 보내는 동안 세 번을 신청했고 그중 한 번도 당첨된 적이
없다.

　　사실 이 추첨은 완전히 우연성에 기댄 것도 아니었는데,
추첨에 참여할 학부모들은 모월 모일 오전 10시부터 번호표를
받아가라고 했다. 추첨 당일, 사전에 발부받은 번호표의 순서대로
한 명씩 앞으로 나가 모두가 보는 앞에서 공을 뽑는 것이다.
처음 이 공지를 보고 아연해진 나는 고등학교 때 배웠던 확률과
통계를 애써 떠올렸다. 주머니에 빨강색 공과 파랑색 공을
각각 열 개씩 넣고 한 번 뽑은 공은 다시 넣지 않는다고 할 때,
빨강색 공을 연속해서 뽑을 확률은 얼마인가. 일하는 부모들을

배려해 탁구공 뽑기는 저녁 6시 반에 진행하면서, 정작 번호표는 평일 오전 10시부터 배부하는 것은 무슨 의미일까. 돌봄교실 입소가 얼마나 간절한지 연차 사용으로 증명하라는 뜻일까. 번호표를 통해 부모의 열정을 한차례 줄 세우기 했으면서 굳이 공개 무대를 준비해 과장되고 극적인 형태(두근두근 공 뽑기)로 우연성을 가장하는 저의는 무엇인가.

돌봄교실의 입소가 제한된다고 했을 때부터 이미 지역 맘카페에서는 공정성에 대한 시비가 끊이질 않았다. 돌봄교실 신청 자격이 되지 않는데도 허위 서류를 제출해 추첨 경쟁률을 높이는 이들에 대한 질타와 이를 걸러내지 못하는 학교에 대한 원망이 다수였다. 가령 지인의 사업장에 허위로 입사해 재직증명서를 뗀다거나 이미 퇴사한 사람이 이전에 발급받았던 재직증명서를 제출해도 학교가 이를 꼼꼼히 따져보지 않는다는 것이다. 논란은 자연스레 전업맘이 왜 돌봄교실을 신청하냐는 비난, 그리고 내가 낸 세금으로 운영되는 돌봄교실을 왜 워킹맘만 활용해 그 가정의 수입만 늘려주냐는 반박으로 이어졌다. 애초에 직장이 있는 엄마든, 직장이 없는 엄마든 혹은 아이가 둘이든 셋이든 돌봄 서비스를 이용하는데 무슨 자격 요건이 따로 있겠는가. 개인이 처한 조건과 사정에 상관없이 무조건 아이 수와 재직 여부로 서비스 수급에 차등을 둔다는 것은 여성에게 두 가지 선택지밖에 없다는 말이다. 부불노동으로 애를 키우거나, 가불노동으로 소득세를 납부하거나. 보편복지를 포기한 국가의 무신경한 정책 집행은 이렇게 여성을 편 가른다. 돌봄이 얼마나 힘든지 구구절절 증명해야 하는 것도 모자라 누가

더 고생인지 입증하려고 서로를 물어뜯는 모습을 보며 비로소
나는 돌봄지옥을 체감했다.

지옥에 당도한 데는 연유가 있었다. 아이를 직접 돌보지
않고 일하는 엄마라서, 그 일마저도 개인사업자나 전문직이
아니라 아이 볼 시간을 자유롭게 내지 못해서, 번호표 뽑는 날
연차를 내지 못해서, 탁구공 뽑는 날 운이 좋지 않아서 나는
지옥에 왔다. 그러나 나중에 돌아보니 이 단계는 일종의 포털일
뿐이었다. 고통받는 인간군상이 뒤엉킨 로댕의 지옥의 문이랄까.
그 문은 학교나 온라인 커뮤니티가 아니라 바로 우리 집
현관에서 열렸다.

문제는
차이에 있지 않다

1학년 1학기부터 돌봄교실 추첨에 떨어졌으니 당장 대안을
찾아야 했다. 요일마다 바뀌는 교실을 아이 스스로 찾아다녀야
하는 방과후교실은 만 6세 윤이에게는 무리였다. 그리고
윤이는 태권도나 피아노는 절대 안 하겠다고 고집을 부렸다.
우리는 최대한 윤리적인 선택을 하고 싶었다. 이미 시어머니는
윤이의 영유아 시절을 오랜 시간 책임져주셨고, 윤이가 크는
속도만큼이나 빠르게 연로해지셨다. 어머니께서 강릉과 우리
집을 오가시는 동안 시아버지 또한 상당한 희생을 치르셔야
했다. 친정 엄마와 아빠는 동생네 쌍둥이에게 발이 묶인 지

오래였다. 윤이보다 네 살 어린 이란성 쌍둥이들을 맡기기에 제부의 본가는 너무 멀었고, 나처럼 야근이 많은 직장에 다니는 내 동생은 엄마 없이 단 하루도 못 버티겠다며 말 그대로 하루가 다르게 파리해졌다. 양가 부모님들께는 기댈 수 없는 상황이었다. 사실 부모님께 기대면 안 된다고 오래전부터 생각했었지만 그동안 다른 방법을 더 절실하게 찾지 않았던 것뿐이다. 수컷이 목숨을 걸고 알을 지키는 물자라든, 암수가 함께 헌신하는 황제펭귄이든 자식을 돌보는 주체는 부모다. 자기 자식을 양육할 책임을 자기 부모에게 손쉽게 전가하는 동물은 오직 인간뿐이다.

나는 좋은 시터를 찾자고 했다. 아이 아빠는 내게 일을 그만두라고 했다. 처음에는 당황스러웠고, 곧 화가 났으며 종내 슬펐다. 내가 마약판매상도 아닌데 아무리 남편이라도 내게 일을 그만두라고 먼저 말할 권리는 없다. 심지어 근무시간 대비 수입, 복리후생, 4대보험 가입 여부 등을 종합적으로 따지면 내가 아니라 그가 사업을 접고 아이를 보는 것이 훨씬 이득이었다. 오로지 내가 엄마이기 때문에 내 일을 포기해야 한다는 것인데 스스럼없이 이런 말을 하는 남편이 시대에 뒤떨어진 것인지, 그저 자본주의적 가부장제의 환유에 불과한 것인지 분간할 수 없었다. 게다가 바로 이런 상황을 방지하기 위해 나의 일터인 국회에서는 매일같이 수많은 법안이 발의되고, 일·가정 양립 정책의 효용을 검토하며, 저출산 극복을 위한 토론회가 열리고 있었다.

남편의 제안을 단번에 거절하자, 그는 전략을 바꿔 회유하기

시작했다. 그동안 야근도 많고 감정노동도 많아 힘들지 않았냐며
나를 꾀고, 회사를 그만두면 오히려 내 글을 쓰는 데 더 집중할
수 있을 거라고도 했다. 소설을 잘 읽지 않는 남편이 박완서의
등단 배경을 모르는 게 다행이었다. 박완서는 1남 4녀를 키우며
자식들이 학교에 가거나 잠들었을 때마다 글을 쓰다 무려
마흔에 「나목」으로 등단했다. 1970년의 일이다. 그러나 나는
박완서가 아니다. 누가 부부싸움을 칼로 물 베기라 했던가. 두
번째 전략도 실패하자 결국 강대강 대치, 격렬한 장외투쟁이
이어졌다. 나는 한마디 상의 없이 멋대로 시터를 불렀고, 그는
시터에게 문을 열어주지 않았다. 아이가 하교할 즈음 출근해야
하는 그의 상황을 알면서도 나는 어떤 대안도 마련하지 않은
채 출근해버렸다. 그러면 그가 아이를 차에 태워 회사로
찾아왔다. 아무것도 모르는 윤이는 민트색 동그라미 지붕 건물에
들어가봐도 되냐며 신기해했다. 대선이나 총선을 앞두고 벌이는
꼴사나운 정쟁이 따로 없었다. 국회에서 날 선 언어를 쓰는 데
익숙해진 내가 아무래도 더 유리했다. 아이 아빠의 큰 키와
덩치는 나를 매혹시켰지만 격렬하게 싸울 때는 그저 부담요인일
뿐이었다. 나는 주로 메일이나 카톡을 보냈다. 그는 쏟아지는
활자에 피로감부터 느꼈다. 원래도 그는 글보다 말을, 말보다는
비언어적 표현을 선호하는 사람이다. 가령 허그나 키스만으로도
부부 간의 갈등을 상당 부분 해소할 수 있다고 믿는다. 그리고
나는 정확히 정반대의 순서로 선호한다.

그렇다고 둘 간의 '차이'가 문제는 아니었다. 사실 우리는
비슷한 점보다 다른 점이 훨씬 더 많다. 영화를 좋아한다는

공통점이 있지만 나는 국내 최고의 감독을 봉준호라고
생각하고, 그는 박찬욱을 꼽는다. 일본 영화라면 오즈 야스지로
대 구로사와 아키라, 할리우드라면 토드 헤인즈 대 쿠엔틴
타란티노다. 그는 절대 물냉면을 시키지 않고, 나는 비빔냉면을
냉면이라 생각하지 않는다. 차이가 문제가 됐다면 진작에 사달이
났을 정도의 차이다. 우리 문제의 핵심은 증폭되는 분노, 그리고
힐난에 가까운 감정적 언어가 협력이나 해결의 여지를 없앤다는
데 있었다. 다시 말하면 민주적 의사결정 시스템의 붕괴,
정치의 실패다. 사람들 간의 숱한 갈등이 폭력 사태나 전쟁으로
이어지지 않고 대개 공동체 안에서 해결되는 것은 정치가
작동하기 때문이다. 민주주의 시스템에서는 생명 존중, 인권
보호처럼 모두가 동의하는 공통의 가치를 지키기 위해 이견이나
차이를 어떻게든 극복하고 협력하며 우리는 그것을 정치라고
부른다.

　　잊고 있었다. 개인적인 것이 정치적인 것이다. 68혁명
때부터 사용되었다던 이 유명한 구호를, 체 게바라의 초상이
프린트된 티셔츠처럼 상업화되기까지 한 이 말을, 아주 오랫동안
나의 언어로 쓰지 않았다. 가족은 정치의 행위자가 될 수
없으며, 스위트 홈은 정치와 가장 거리가 먼 곳이라고 은연중에
생각했기 때문이다. 심지어 국회로 매일 출근하며 정치를 일로
삼았으면서도 정작 나의 정치를 잊고 있었다. 물론 이때의
정치는 정상가족의 재생산을 위한 정치가 아니다. '건강한'
부부싸움을 하고, 자녀에게 절대적 안정감을 주면서 평화롭게
갈등을 극복해야 한다고 조언하는 부부상담과는 결이 다르다는

뜻이다. 내 안의 어린 나를 돌아보고 부모님을 용서하라는 식의 조언 또한 아니다.

　　가족은 하나의 단일 세포가 아님에도 불구하고 지금껏 고정된 집단 정체성을 부여받으면서 가장 순수하고 무결한 탈정치의 영역이 되어버렸다. 그러나 사실 이곳이야말로 가장 정치적인 곳이어야 한다. 부부가 영원한 사랑을 약속하며 기대했던 것과 달리, 영아가 자신과 양육자를 한몸이라 여기는 것과 달리 가족은 서로 너무 다른데, 이렇게 다름에도 불구하고 오랜 시간 함께 존재해야(be with) 하는 관계이기 때문이다. 이해 당사자 간의 생각이 다르더라도 합의의 여지를 찾고 협력을 모색함으로써 모두에게 긍정적인 결과를 도모하는 데 정치의 역할이 있다면 이보다 정치가 더 필요한 공간도 없다. 어차피 발생할 싸움과 갈등이라면 서로에게 상처를 남기지 않고 가족이라는 공동체의 기반을 더욱 단단하게 만드는 것이 가정 내 정치의 목적이 될 것이다. 또한 가정에서 이뤄지는 의사결정이 구성원들의 인생에서 결정적인 분기점으로 작용한다는 점에서 그 결정은 반드시 정치적이어야 한다. 윤이의 돌봄 문제는 가장 정치적인 의제였어야 했다.

　　인정투쟁
　　연대기

그때 나는 왜 그렇게 화가 났을까. 분노의 대상은 무신경한

돌봄 제도가 아니었다. 대개의 경우, 남편에게 불같이 화를
내고는 했다. 남편이 내 의사와 감정을 부정할 때마다 고스란히
되갚고 싶었고, 자신의 뜻대로 나를 개조하려 들 때마다
도망치고 싶었다. 내가 인정받고 싶었던 나, 남편이 끝끝내
부정했던 나는 좋은 아내도, 훌륭한 엄마도 아니었다. 일하는
여성이었다. 돌아보면 윤이를 낳은 후 단 한 번도 자신만만했던
적이 없다. 일하는 엄마들을 위한 조언을 수시로 찾아 읽으며
나만의 육아법을 도모했지만 나는 부족한 엄마라는 생각을
떨칠 수 없었다. 일을 하면서도 아이를 잘 키울 수 있냐는
질문에 확답을 하지 못한 채 몇 년을 종종거리다 보니 늘
불안했다. 양육 파트너인 남편이라면 이런 나를 당연히 인정하고
격려해줘야 한다고 생각했다. 남편도 부모는 처음이니까,
남편도 아이 곁에 있는 시간보다 일터에서 보내는 시간이 더
기니까 나만큼 아이에게 미안해하고 불안하기를 바랐다. 기대는
언제나 불발이었다. 사전에 합의되지 않은 기대는 조직 내
커뮤니케이션의 실패로 이어진다. 불신과 무기력이 가족이라는
작은 조직을 집어삼킨다.

"그래도 남편만은 날 사랑한다고 생각하려 노력했지만…
그의 사랑은 오락가락했고, 나를 기쁘게 하기 위해서라기보다
스스로 만족하기 위해 계산된 방식일 때가 많았어. 자신이 미리
결정해서 행동했고, 내 바람은 조금도 반영되지 않았지." 현대
여성들의 삶과 우정을 그린 최신 드라마 속 대사 같지만 무려
1861년에 엘리자베스 개스켈이 영국 빅토리아 시대를 배경으로
쓴 소설 『회색 여인』의 한 대목이다. 예나 지금이나 남자들은

여자를 자신에게 끼워 맞추려 애쓴다. 뜻대로 되지 않으면 금세 공격성을 드러내기도 한다. 푸른 수염의 아내 이야기처럼 남편의 요구에 부응하지 못해 목숨까지 위협당하는 파멸의 서사는 끝이 없다. 『회색 여인』의 남편 투렐은 '온 마음을 다해 사랑했지만 내 믿음을 등지고 집을 나간 아내'라고 한탄하며 아내를 죽이려 뒤쫓는다. 21세기의 투렐들은 「그것이 알고싶다」 같은 시사 프로그램에 한 달에 한 번꼴로 출연 중이다. 남성은 여성과 관계를 맺을 때 직원을 채용하듯 여성을 바라본다. 지금 내가 필요로 하는 여성상에 부합하는가, 그렇지 않은가. 7의 여자인가, 그보다 못한가. 남자를 피곤하게 할 유형인가, 편안하게 해줄 유형인가.

기대, 노력, 실망, 그리고 분노. 새삼스러운 패턴은 아니었다. 다른 사람, 특히 남자에게 좋은 사람이어야 사랑받는다는 생각은 나를 거울 없는 방에 가뒀다. 연애를 할 때도, 아이가 아직 없을 때도 나는 늘 더 잘하고 싶었다. 에로스와 로맨스 사이에서 번민하며 왜 나는 조르주 상드나 제인 베넷이 될 수 없는지 안달복달했다. 인정의 레짐에 갇혀 있는 동안 불안은 강박으로 악화됐다. 최고가 되지 못하면 아무 의미가 없다고 생각한 것은 아니었다. 완벽하지 않으면 필시 불편한 구석이 생긴다는 점을 경험적으로 알고 있기 때문에 내가 어떻게 보일지를 끊임없이 신경 쓰며 무결한 캐릭터를 지향해온 것 뿐이다. 피곤한 여자로 보이고 싶지 않아서, 드센 딸이 되고 싶지 않아서 화를 숨기고 마땅히 느낄 법한 불편을 자신의 예민함으로 형질 전환해온 인정투쟁의 연대기가 비단 나만의 역사일까. 가족은 가부장을 정점으로 한 수직적 위계질서를 통해 인정중독자들을 무럭무럭 키우는 인큐베이터가 된다. 이성애 연애에서의 젠더 권력은 친밀한 관계맺기를 통해 여성의 인정 요건을 개인별로 맞춤설정한다. 인정받는 데 필요한 기준인 규범이나 통념 같은 것들은 유난히 감정적으로 작동하기 때문에 사랑하는 남편이나 남자친구만큼 훌륭한 인정 트레이너도 없다.

인정투쟁의 개념을 적극 확장한 악셀 호네트는 사람은 인정받지 못하면 분노하고, 그 분노로 사회적 투쟁에 나설 것이라 전망했다. 하지만 '여자사람'은 인정투쟁에 실패했을 때 분노 대신 불안을, 자신의 존재가 지워질 것이란 두려움을 느낀다. 이 두려움은 기어이 자기희생을 감내하게 만든다. 엄마의 고통과 희생은 모성이라는 이름으로 미화되고 강요된다. 희생의 당사자와 목격자, 수혜자 모두 고통에 무감해진다. 그럼에도 불구하고 인정받는 데 실패하면 여성은 제일 먼저 희생의 강도를 높인다. 희생을 면제받으려면 소설이나 영화의 소재로 쓰일 법한 사연을 갖거나 힐러리 클린턴 정도는 되어야 한다. 그렇지 않고 자발적으로 희생을 중단할 경우, 매정하다거나 모질다는 평가가 따라붙는다. 사실 이 '모질다'는 표현은 그 용례가 조금 묘한데 아픈 아이 저버린 모진 엄마, 모진 말 퍼붓는 딸처럼 주로 여성의 성정을 묘사하면서 '마음씨가 몹시 매섭고 독하다'는 뜻으로 사용된다. 물론 '모질다'에는 '참고 견디기 힘든 일을 능히 배기어낼 만큼 억세다'라는 뜻도 있지만 억센 여성은 아름답지 않기 마련이라는 편견이 또다시 잘못된 용례를 양산한다. 그렇다고 엄마의 희생이 불편하다고 고발하기도 쉽지

않다. 우리 가족은 엄마 없이는 아무것도 못하지 않냐고 딸이
폭로하는 순간, 가부장을 비롯한 남은 가족은 엇나간 딸에게
수치를 느낀다. 너 때문에 다른 가족이 불편해졌다며 딸을
끊임없이 위협하고 회유한다. 그도 안 되면 서둘러 '시집'을 보내
가족 구성원으로서의 지위를 은밀하게 박탈한다. 그렇게 딸은
어머니가 된다.

  여성이 가족을 비롯한 친밀한 관계에서의 인정투쟁에
성공하면 성공할수록 공적 지위를 얻으려는 사회적 인정투쟁은
실패로 귀결된다. 필터링된 인정투쟁이다. 욕설과 음란어를
자동으로 삭제하거나 다른 말로 대체하는 필터링 기능처럼
여성이 정말 인정받고 싶은 정체성과 욕망은 검열된다.
엄마의 역할을 위협하는 여성의 욕망은 세계에서 사라질 것을
종용받는다. 자신을 배제하는 세계에서 살아남기 위해 여성은
내가 원하는 것이 진짜 나의 바람인지 되묻지 않고, 나 혼자
유난스럽게 구는 것은 아닌지 스스로를 단속한다. 주체는
생산성과 적극성을 잃는다. 정신분석학은 이를 두고 퇴행이라
부를 것이다. 낸시 프레이저의 지적처럼 이미 여성은 자본주의적
차별과 문화적 차별이 동시에 작용하는 이중의 불평등을 겪고
있다. 필터링된 인정투쟁부터 중단해야 한다. 인정이든 분배든
여성이 얻으려는 것이 무엇인지 직시하고 드러내며, 바로 그것을
획득하고자 분투할 때 여성의 인정투쟁은 정치가 된다.

  윤이가 노래를 부른다. 레이스가 달린 반스타킹을 목이 긴
장갑처럼 손에 끼고 팔딱팔딱 춤을 춘다. 자기가 제일 좋아하는

르세라핌의 노래 「이브, 프시케 그리고 푸른 수염의 아내」라고
한다. 윤이가 브레이크 댄스를 추듯 가슴에 바운스를 주며 'I'm
a mess, mess, mess' 하고 첫 소절을 시작하는데 순식간에
사로잡혔다. 요즘의 나는 워낙 엉망진창인 상태니까. 그런데
'괜찮겠지, 뭘 해도, 착한 얼굴에 니 말 잘 들을 땐. 괜찮지 않아,
그런 건, 내 룰은 나만 정할래'라고도 한다. 신난다. 정말로 'Get it
like boom, boom, boom'이다. 노래가 워낙 짧은 데다 몇 소절 안
되는 가사가 거의 선전 구호 수준으로 반복되니 부르기도 좋다.
아이돌이 노래하는 세계관이 이렇게 넓고 깊은 줄 몰랐다. 역시
세상은 변한다. '이것 봐, 나를 한번 쳐다봐, 나 지금 예쁘다고
말해 봐'라고 노래하던 시절은 진작에 지났다. 윤이는 푸른
수염의 아내 이야기를 이렇게 처음 듣는다. 노래하고 춤추며
프시케를 만난다. 바로 그렇게, 사람은 오로지 자기 스스로의
힘으로 행복할 수 있으며, 아무리 가족이라도 타인의 행복을
내가 보장해줄 수는 없다는 것을 아이가 자연스럽게 깨달았으면
좋겠다. 책으로 배우고 시행착오로 복습하는 대신, 춤추는 몸이
먼저 체득하길 바란다. 그 무대에서 인정투쟁의 연대기가 마침내
막을 내리기를 간절히 기대한다.

타협은 패배가
아니다

우여곡절 끝에 우리는 합의에 도달했다. 민심천심, 윤이의
뜻이 곧 우리가 지향해야 할 바요, 민생, 아이의 행복이 최우선

사안이니 부모로서 각자의 요구는 우선 뒤로 미루자는 데 동의했다. 등하교는 남편, 저녁과 재우기는 내 책임이었다. 그 사이에 아이를 돌볼 사람은 밖에서 구하기로 했고, 사람을 구할 때 가장 중요하게 생각하는 조건을 함께 정리했다. 그리고 이에 부합하는 후보자를 각각 세 명 이상 찾아오기로 했다. 돌봄지옥을 직접 겪어본 적 없는 남편은 구인에 고전을 면치 못했다. 쩔쩔 매보라고 고안한 중재안이었으니 제대로 고생하게끔 그대로 두었다. 나한테도 쉬운 일은 아니었다. 여러 매칭 플랫폼에 유료 서비스를 신청해야만 구직자들의 상세 정보와 이력을 열람할 수 있었다. 어렵사리 구한 분과도 인연을 오래 맺지는 못했다. 돌봄 시장에 적극적으로 뛰어든 50-60대 여성들은 용돈 벌이로 이 일을 하지 않는다. 생계가 걸린 직업이기 때문에 매달 일정 수준 이상의 급여가 보장되어야만 계약을 맺는다. 계획과 달리 일찍 퇴근하거나 갑자기 일을 하루 쉬게 되어 시급으로 계산되는 급여가 줄어드는 상황을 결코 좋아하지 않는다. 외근 나간 현장에서 바로 퇴근하거나 운 좋게 일찍 들어온 날이면 난감해졌다. 약속한 시간보다 훨씬 일찍 퇴근하게 되더라도 시급은 그대로 채워드리는 것이 이 세계의 관행이자 상도의라는 것을 시터가 두 번 바뀌고 나서야 알았다.

윤이, 나, 남편 어느 누구에게도 이상적인 상황은 아니었지만 우리는 그럭저럭 만족했다. 어차피 완전한 대안은 없을 터였다. 당장 핀란드로 이주하지 않는 이상 우리 셋 모두를 위한 해결책을 현실에서 구현할 수 없다. 그래서 각자의 입장을

두고 우선순위를 조정하며 감당할 수 있을 만큼의 변화를
받아들인 것이다. 나와 남편은 서로의 입장을 두고 타협했고,
윤이는 현실과 타협했다. 타협은 앞서 겪은 극한의 갈등과 그로
인한 고통을 혁신적으로 줄이는 데 기여했다. 갈등을 서둘러
봉합한 것이 아니기에 잠재적 리스크도 적었다. 결국 타협이
정답인가.

그러나 타협은 어렵다. 공감과 이해가 전제되어야 하기
때문이다. 『앵무새 죽이기』의 영웅 애티커스 핀치는 "그 사람
살갗 안으로 들어가 그 사람이 되어서 걸어다"닐 때 그를
정말로 이해할 수 있다고 했다. 오로지 상대방의 관점에서
사물과 현상을 이해하는 것은 확실히 어려운 일이다. 당시
남편이 돌봄은 공동책임이라는 나의 주장을 온전히 이해했는지
알 수 없다. 나 역시 아이 옆에는 엄마가 있는 것이 무조건
좋다는 남편의 입장에 끝까지 공감하지 못했다. 다만 상대의
자유를 부정하거나 고유한 개인의 영역을 억압하지 않겠다는
마지노선만큼은 지키기로 했다. 평생 상대에게 충성하겠다는
결혼 서약을 한 이상, 부부는 배타적이고 독점적인 관계를
지속해야 한다. 자유로운 개인과 결혼 관계는 이미 그 자체로
가치가 상충하는 것이다. 바로 이런 이유로 부부는 각자의
자유에 최우선의 가치를 부여해야 한다. 서로에게 기꺼이
매여 있겠다는 약속이 지켜지려면 어떤 상황에서든 개인의
영역이 지켜진다는 확신과 이를 위한 서로 간의 적당한 거리가
필요하다. '내 말이 바로 그말이야. 우리는 역시 천생연분' 같은
자신감보다는 '나로서는 잘 이해되지 않지만 그렇게 생각할 수도

있겠네'라는 모호한 태도가 결혼 생활을 지속하는 데 유리하다. 공감과 이해에 선행하는 자유의 존중, 나는 바로 이것이야말로 모노가미의 윤리라고 생각한다.

또한 타협에는 책임이 따른다. 책임은 권력의 크기와 비례한다. 일상에서 부딪히는 모든 차별과 갈등은 반드시 권력으로 위계화된 관계에 기반한다. 가족 내에서 그 권력은 대개 가부장에게 독점된다. 남편들은 항변한다. 요즘은 아내, 그러니까 엄마가 모든 권력을 쥐고 있다고들 한다. 엄마의 기분에 따라 집안 분위기가 좌지우지되며 다른 가족구성원은 휴가지 결정과 같은 중요한 사안뿐 아니라 저녁 메뉴와 같은 소소한 선택의 권리조차 갖지 못한다고 말이다. 하지만 이번 휴가는 반드시 제주도로 가야 한다고 가족들을 압박할 수는 있어도, 남편에게 이제 일을 그만두고 집에서 애를 돌보라고 쉽게 권할 수 있는 아내는 없다. 결국 남편이 말하는 권력은 조건부 상여금, 다년간의 무급노동과 맞바꾼 변변찮은 인센티브에 불과하다. 어느 한쪽이 권력을 독점하고 책임을 회피하면 타협은 결렬되고 정치는 실패한다. 정치의 실패는 사랑을 무너트린다.

그러고 보니 우리는 현실정치에서도 제대로 된 타협의 장면을 본 적이 없다. 불행히도 한국 정치는 실패에 실패를 거듭한 지 오래다. 가장 최근의 사례는 후쿠시마 오염수 방류 문제일 것이다. 윤이가 보는『어린이 과학동아』에서조차 오염수 방류로 인한 장기적인 영향에 대해서는 아직 확인되지 않았다고 하는 마당에 정부는 과학의 언어를 포장지 고르듯 가져다 쓴다. 진영논리로 무장한 여당은 횟집에서 회식을 하거나 수조물을 떠 마시고, 야당은 대중의 불안과 분노를 정치적 자산으로 가로채려 든다. 대체 무엇을 해야 할지 모르겠는 사람들은 일단 소금을 산다. 정치가 우스워졌다. 가장 정치적이었어야 할 의제가 가장 반정치적으로 취급되며 민주주의를 오염시킨다. 이성을 존중하고, 이견을 조정하며, 모두에게 가장 이로운 해결 방식을 찾기 위해 소통하고 타협하자는 최소한의 정치조차 번번이 실패했다. 그래서 정치를 대하는 오늘날의 가장 세련된 태도는 무관심 혹은 냉소가 되어버렸다. 사랑 아니면 혐오라는 양극단의 감정을 동원하며 연명해온 극단의 정치는 일상의 정치를 연습할 기회마저 박탈해갔다. 그럼에도 불구하고 여전히 정치는 유용하다. 타협은 패배가 아니다. 부부 간의 대화에 수사학을 동원할 것까지야 없겠지만 정치적 말과 행동은 가장 성숙한 형태의 의사소통이다. 서로 간의 거리를 필요한 만큼 벌려 사랑의 부패를 막고, 가족의 취약성을 보완한다.

4막: 눈에 보이는 구원

위험한
가계

가족구성원, 특히 자녀가 암에 걸리면 많은 이들이 가족의 힘을 강조한다. 회복탄력성이 큰 가족만이 위기를 슬기롭게 극복하고 일상으로 빠르게 돌아갈 수 있다는 것이다. 교과서에나 나올 법한 조언이다. 이상적인 가정은 환상이다. 그것도 진작에 깨진 꿈이다. 심지어 소설이나 영화도 모든 가정에 저마다의 비극이 있음을 전제로 한다. 결혼생활은 오래된 가구처럼 윤기를 잃는 대신 익숙함을 최고의 덕목으로 삼고, 부모-자녀의 관계는 수많은 상담 프로그램이 방증하듯 늘 문제적이다. 사실 이상적인 모녀 혹은 부녀 관계는 생명을 위협할 정도의 고난을 이겨야 실현된다. 물론 나를 비롯해 현실의 많은 엄마들은 『레미제라블』의 팡틴이 아니지만 별문제 없이 가정을 꾸려간다. 이상적인 가정에 관한 노스탤지어를 아직 버리지 못한 것은 현실을 가공한 미디어뿐일지 모른다. 영화나 드라마는 사람들의 고정관념과 편견을 깨기보다는 의존할 때 성공하기 더 쉽기 때문이다.

엄마가 죽지 않았는데도 아빠 혼자 양육을 담당하는 이야기는 대중을 불편하게 만든다. 아주 오래되고 자연스러운 통념을 깨서 그렇다. 아이는 나오는데 엄마가 없으면 엄마는 어디 갔는지, 왜 없는지 다들 궁금해한다. 엄마가 멀쩡히 있는데 아빠가 주양육자라면, 게다가 엄마가 사모펀드 매니저나 고위 정치인 같은 직업까지 갖고 있다면 사람들은 박찬욱 영화의 미장센을 보는 것처럼 낯설어하거나 의아해할 것이다. 이 불편함을 해소하려면 특별한 사연이 필요하다. 이 서사에 등장하는 아빠들은 대개 특별하고 비현실적이다. 기어이 딸이 인당수에 뛰어들도록 한 심학규, 자녀의 정상적인 독립을 결사적으로 저지하는 벨의 아빠는 구태다. 최근의 아빠들은 슈퍼맨이거나 가디언인 경우가 많은데 범죄조직뿐 아니라 좀비와 맞서야 할 때도 있다. 인물이 평범하다면 영화 「인터스텔라」처럼 현실의 시공간을 초월하거나 비틀어야 서사가 완성된다. 애니메이션 「미니언즈」의 빌런, 그루처럼 유사 아빠로 성장하며 개과천선하는 이야기도 있다. 그런데 여기서 만약 주인공이 남자가 아닌 여자였다면? 천방지축 마녀가 아이를 키우며 각성하고 사람 되는 이야기가 그만큼 인기를 끌었을 것 같지는 않다. 엄마'되기'는 아이가 성장하면서 걸음마를 하고 달리고 뛰게 되는 것처럼 너무나 당연한 수순이라 별 감흥을 주지 못한다.

다 가진 어른들이 청년에게 '노오력'이 부족하다며 충고하는 모습을 볼 때면 늘 입맛이 쓰다. 그런데 적어도 결혼한 여성, 특히 출산을 했거나 염두에 둔 여성에게는 '노오력'이 그나마 수긍할 만한 처방처럼 들리기도 한다. 모성이란 태생적으로 본래 주어지는 것, 혹은 그러하다고 강요되는 것이라 '노오력'까지 할 일이 아니기 때문이다. 그래서 모성이 부재하다거나 모성을 발휘하지 못한다는 것은 어쩐지 여성으로서의 결격 사유, 인간실격의 근거로 느껴진다. '그럼 애는 누가 키워요'를 당연히 묻는 사회에서는 엄마가 '노오력'을 하는 것 자체가 난센스다.

사실 번듯한 곳에 취업해 경제적 기반을 닦고 월세에서
전세로, 단칸방에서 '방3 화2'로 차근차근 내 집 마련을 해가는,
일평생 가족을 먹여 살리던 가장은 이미 무대에서 퇴장한 지
오래다. 최근 청년들이 경제적 위기로 결혼이나 출산에도 크게
연연하지 않는데 이들이 이상적인 가정 꾸리기라는 고전적
과업을 쉽게 달성할 수 있을 리 만무하다. 더욱 씁쓸한 것은 여성
청년들에게는 이러한 과업조차 주어진 적이 없다는 것이다.
여성청년들은 여전히 예비 신부, 예비 산모, 예비 양육자로
상정될 뿐 청년 경제정책에 있어 단 한번도 주체가 되어본 적이
없다.

그럼에도 불구하고 사회는 여전히 이상적인 가정, 완벽한
엄마 아빠를 갈구한다. 둘 이상의 아이를 둔 정상가정의 아빠는
회사가 원하는 최고의 직원상이다. 생계 부양을 위해 회사에
헌신할 수 있는 조건을 갖춘 데다 원만한 성격의 패밀리맨이며
가정을 이끌듯 팀을 통솔해갈 부드러운 리더십의 소유자로
평가받는다. 여기서 성별만 바꾸면 해당 직원은 회사에서 가장
부담스러운 존재가 된다. 아직 아이를 갖지 않은 여성은 잠재적
리스크가 되고, 한참이 지나도 아이를 갖지 않으면 어쩐지
문제가 있는 사람은 아닌지 의심받는다. 남자의 일자리는 글로벌
경기 침체와 팬데믹에 위협받지만 여자의 일자리는 가족이
위협한다. 아이가 태어나거나 부모, 또는 남편의 부모를 돌봐야
하는 상황이 생기면 오직 여자만 일터를 떠나거나 근무 형태를
바꾼다.

아마 남자들도 힘들 것이다. 현대의 아빠들은 돈을 많이
버는 것은 당연하고, 아버지 세대와는 다른 다정한 아빠가

되어야 한다. 수입이 변변찮으면 유튜브 같은 거라도 해보라는 소리도 들을지 모른다. 회사에서 살아남거나 자그마한 내 가게를 지키려면 초과근무는 필수고, 자신의 행복을 위한 영역들은 제일 먼저 포기해야 한다. 그도 모자라 육아 리얼리티쇼에 나오는 아빠들처럼 멋져 보이도록 몸 관리도 게을리할 수 없고 옷도 번듯하게 잘 입어야 한다.

엄마나 아빠가 부족해서 가족이 흔들리는 게 아니다. 이상적인 가정이 불가능한 근본적인 원인은 가족이라는 작은 공동체의 불완전성, 그리고 돌봄을 오로지 개인에게 떠맡기는 사회 구조에 있다. 남편이 돌봄에 적극적으로 참여하지 않는 것도 문제이지만 하지 못하게 만드는 구조가 실은 더 근본적인 원인인 것이다. 그 구조를 바꿔내지 않으면 아내도, 남편도, 무엇보다 아이들도 영원히 피해자 위치에 머물게 된다. 가해자는 없고, 피해자만 늘어나는 이 유독한 시스템은 가계를 통해 대를 잇는다는 점에서 더 위험하다.

'지나간 날들을 생각해보면 무엇하겠느냐, 묵은 밭에서 작년에 캐다만 감자 몇 알 줍는 격이지, 그것도 대개는 썩어 있단다.' 기형도는 자전적 시 「위험한 가계 1969」에서 썩은 감자를 줍는 아버지에게 묻는다. "올해는 무얼 심으시겠어요?". 아버지는 대답한다. "뿌리가 질기고 열매를 먹을 수 있는 것이면 무엇이든지 심을 작정이다." 한평생 시인과 가족을 괴롭힌 것은 가난과 질병이었다. 세대가 바뀌어도 묵은 밭에 매여 빈곤의 굴레를 벗어나지 못하는 가계를 시인은 위험하다 했다. 묵은 땅에 무엇을 심어본들 달라질까. 구조를 바꾸지 않는 이상

개인의 비극은 반복된다. 부조리와 불평등 앞에서 개인의
노력은 무용하다. 시인은 떠나고 그 시절은 지났지만 위험한
가계는 계속된다. 오늘날의 묵은 밭은 복지의 부재, 돌봄의
공백이다. 대한민국은 이제 빈곤을 극복했다지만 가족을 꾸린
개인들은 시간 빈곤, 정서 결핍에 시달린다. 나라가 선진국
반열에 올랐어도 개인은 불행하다. 대한민국에서 결혼과
출산을 거부하는 것이 지극히 당연한 진화적 적응이라는
진화생물학자의 말은 그래서 타당하다. 묵은 밭에 더 이상
감자고, 콩이고 심을 이유가 없다.

돌보는
마음

친구가 드라마 「오늘은 좀 매울지도 몰라」를 추천해줬다. 열두
편을 전부 보는 데 사흘이 걸렸다. 엉엉 울었다는 친구처럼 나도
밤마다 병실에서 곡소리를 낼까 걱정했지만 생각보다 슬프지
않았다. 이제 제법 병원생활에 익숙해진 덕일까. 어느 병원에
가나 볼 수 있는 고흐의 레플리카 그림, 분홍색과 파랑색이
격자를 그리는 병상커튼, 커튼이 드르륵 레일을 가르는 소리,
무시무시한 내용을 따뜻한 말투로 전하는 간호사의 목소리,
병원 복도를 오가는 환자들의 느린 걸음과 공허한 눈빛. 원하지
않아도 매일 보는 병원의 풍경을 충실하게 재현한 드라마를 보며
나는 울지 않았다. 공감했다.
　　요리라고는 라면 끓이는 게 고작이고, 자기 끼니조차

샌드위치로 대충 해결했던 중년의 남편이 대장암에 걸린 아내를 돌본다. 탕수육이 먹고 싶다는 아내의 말에 정통 웍을 사러 황학동에 간다. 간 김에 중국식 칼도 하나 산다. 소스에 파인애플을 꼭 넣어달라는 주문을 잊지 않고 삐죽삐죽 껍질도 두꺼운 파인애플을 사 직접 다듬는다. 토마토를 '도마도'라고 발음하는 중년의 한국 남자가 발휘할 수 있는 최대치의 다정함이었다. 워낙에 책상물림이라 요리도 공부해서 하는 사람이 도전한 최고의 난제였다. 하지만 아내가 급하게 병원에 실려가는 바람에 결국 탕수육은 먹지 못했다. 손질해둔 파인애플도, 모양을 내 깎아둔 당근과 오이도 죄다 쓰레기통에 버려졌다. 며칠에 걸친 노력은 전부 허사가 됐다.

수고스럽게 탕수육을 직접 만드는 그 마음을 너무 잘 알 것 같았다. 이번 추석에 예쁜 한복을 입고 싶다는 아이의 말에 나도 며칠 밤을 인터넷 쇼핑으로 지새웠다. 고만고만한 양산형 아동 한복 중에 몇 개를 엄선해 아이에게 보여줬다. 아이는 고심 끝에 설레는 맘으로 민트색 한복을 골랐다. 비록 대머리지만 한복과 어울리는 머리띠도 하나 주문했다. 그런데 입원이 예상보다 길어지며 정작 추석은 병원에서 보냈다. 새로 산 한복을 입고 갈 데도, 자랑할 데도 없었지만 그래도 참 좋았다. 먹고 싶은 마음, 입고 싶은 마음, 하고 싶은 마음을 최대한 들어주는 마음, 아픈 사람이 바라는 대로 꼭 그렇게 해주는 마음을 이제 나는 너무 잘 안다. 혹시 다시는 해줄 기회가 없을까 봐 내가 할 수 있는 한 최선을 다해 원하는 것을 들어주는 그 마음, 바로 돌보는 마음이다. 사랑하는 마음이다. 그 마음을 이제야 알아서일까, 버려진 탕수육을 보며 눈물 대신 한숨이 나왔다.

그러다 최은영의 소설 『밝은 밤』을 보고는 한참을 울었다. 주인공과 엄마, 할머니, 증조할머니, 고조할머니까지 5대를 거슬러 올라가는 여자들의 이야기는 극적이면서 일상적이었다. 그 옛날 어렵던 시절에도 그랬고, 지금도 그렇듯 이야기 속 여자들은 늘 누군가를 돌본다. 가난한 나라에 사는 여자들의 관습인지 이들은 피붙이가 아니어도 아끼고 돌본다. 조카의 친한 친구의 딸을 아무 대가 없이 함께 키우고, 미싱페달 밟는 법까지 부러 알려주는 그 마음 씀씀이를 나는 흉내조차 낼 수 없다. 친구와 친구의 딸, 그 딸의 딸에게 주려고 일제 냄비와 고무공, 솜잠바와 내복, 양장본 『제인 에어』와 영양크림, 말린 고사리와 잣 한 봉지 등속을 자기 몸만한 보따리에 꽁꽁 싸서는 그걸 또 머리에 이고 몇 시간을 오는 그 마음의 깊이를 나는 가늠할 수가 없다. 모성, 우정, 연대, 의리, 도덕 그 어떤 말로도 온전히 정의할 수 없는 깊고 풍성한 감정이다. 돌보는 마음이라고밖에는 표현할 수 없는 가장 인간적인 특성이다. 이 마음을 두고 메들린 번팅은 『사랑의 노동』에서 "누군가의 삶에서 가장 고통스러운 순간을 꿋꿋하게 직면하고 버티면서 슬픔을 함께 나누고 변함없이 곁에 있어주고 신체 및 신체의 배설물로 엉망진창인 물리적 현실을 기꺼이 다루고자 하는 마음"이라고 상냥하게 설명했다.

가족이라고 해서 돌보는 마음이 당연히 우러나지 않는 것처럼, 돌보는 마음이 꼭 가족 간에만 생기는 것은 아니다. 『밝은 밤』의 삼천이와 새비는 서로를 평생 애틋하게 돌보고 아꼈지만 둘은 그저 친구 사이였다. 「오늘은 좀 매울지도 몰라」의 남편 또한 사실은 곧 남이 될 사람이었다. 이혼을 앞두고 떨어져 지내던 부부였기 때문이다. 그런데 우리 사회는 이 돌보는

129

마음을 제대로 알아주지 않는다. 적어도 법적으로는 혈연가족이
아니면 돌보는 사람이 될 수 없다. 돌봄이 가장 필요할 순간인
아플 때조차 그렇다. 혈연가족을 제외하고는 간병이나 돌봄을
이유로 회사에 휴가를 낼 수 없다. 가족이라는 울타리를
넘어서면 그 밖에서 아무리 많은 사랑을 받아도 이 비공식적
사랑은 인정받지 못한다. 병원의 관행은 더 혹독하다. 의료법에는
수술이나 처치 동의서에 관한 구체적인 규정이 명시되어 있지
않음에도 불구하고 병원은 늘 법정대리인, 즉 혈연가족을 찾는다.
응급 상황에서 급하게 수술을 받을 때에도, 의료적 처치 여부를
결정할 때에도 오직 법적 가족만이 권리를 행사할 수 있다. 병원
동의서에 선뜻 서명할 수 있는 이만 돌봄의 자격을 갖춘다면
부모를 잃은 자식은, 자식이 없는 부모는, 결혼하지 않은
1인가구는 아플 때 누가 돌봐주나.

앤 보이어는 한 걸음 더 나아가 자신에게 주어진 돌볼
의무로 쉬이 아프지도 못하는 중장년층의 비애에 대해서도
언급한다. "현재 당신이 누군가와 이 세상의 관습에 부합하는
관계를 맺고 있지 않다면, 당신을 극진히 보살펴줄 장성한
자식이 있을 만큼 충분히 오래 살지 않았다면, 여전히 부모의
보살핌을 받을 만큼 충분히 어리지 않다면, 그렇다면 이토록
공격적으로 이윤을 추구하는 세상에서 공격적인 암에 걸렸을 때
계속 살아야 할 가치가 있는 사람으로 여겨지는 경우가 드물다는
사실을 실은 모두가 알고 있다."

생활동반자법 제정이 절실하다. 바로 이 마음을 지켜주기

위해서다. 결혼과 출산만이 돌봄의 유일한 연결고리가 되지 않도록 안전망을 만들어둘 필요가 있다. 그동안 정당한 가치를 인정받지 못했던 돌보는 마음을 더 귀중히 여길 수 있도록 모든 돌보는 마음을 법제도로 보호하자는 것이다. 모든 사람이 돌보고, 돌봄받을 권리를 보장하기 위해서 그래야 한다. 고통은 누구에게나 찾아온다. 암은 상대를 고르지 않고, 사고는 때와 장소를 가리지 않는다. 고통을 받는 이가 몇 살인지, 경제활동을 하는지, 우리 사회에 이바지할 특별한 능력은 있는지 등을 묻거나 따지지 않고 모든 사람이 돌봄을 받을 가치를 주장해야 하는 이유가 바로 여기에 있다. 돌보는 마음을 돌보지 않으면 결국 모두가 외로워진다. 외로움은 반드시 병을 부른다.

이제는 대답이
필요해

병원에 있을 때면 부정출혈이 잦았다. 아무리 병동 생활에 익숙해져도 몸이 축나는 건 어쩔 수 없었다. 친구들이 보내준 홍삼이나 비타민을 꼬박꼬박 챙겨 먹었지만 큰 효과는 없었다. 상급종합병원 안에 있는데 콧물약 하나 얻어먹기 어려웠다. 전반적으로 신체의 모든 기능이 날마다 조금씩 퇴화하는 느낌이었다. 바람이 거센 바닷가에 한참을 서 있던 것처럼 머리는 뻣뻣해졌고, 피부도 서걱거렸다. 매일 삭아갔다. 그 와중에도 둘째를 낳아야 하는지 아주 가끔 고민됐다. 아이의 죽음을 염두에 두었기 때문이 아니다. 조혈모세포를 이식할 경우

형제자매가 없어 공여자도 구하기 힘든 윤이를 생각하다가, 이 비극의 위용에 비해 너무 단출한 우리 셋을 돌아보다가, 한 명쯤 더 있으면 우리 셋 모두 조금은 더 든든하지 않을까 생각해본 것이다. 출산보다 육아를 더 힘들어했던 과거의 내가 다행히 날 만류했다. 무엇보다 또 아픈 아이를 낳을까 봐 무서웠다. 지금의 내 몸은 내 것이 아니다. 병원에서 보호자는 노바디(nobody)다. 아이와 한몸이 되거나 유기체처럼 연결되어 있어야 하는 간병 생활은 개인성을 철저히 삭제해야 가능한 것이었다. 나를 돌본다는 건 불가능했다.

　병상 커튼 아래로는 늘 다른 이들의 발만 보였다. 허옇게 각질이 일어난 보호자들의 발뒤꿈치는 그들의 일상처럼 푸석했다. 환자들은 중력의 영향을 받지 않는 것처럼 발자취가 없었다. 내 맨발을 보이는 건 또 그렇게 싫었다. 자기 전까지 온종일 양말을 신고 지냈지만 윤이를 재우려고 침대에 같이 눕거나 샤워실을 다녀올 때처럼 별 수 없는 순간이 많았다. 그럴 때마다 맨살을 드러내는 게 아니라 몸 전체가 투시당하는 느낌이었다. 나를 다른 사람에게 선택적으로 공개할 수 있는 권리, 프라이버시가 완전히 파괴되고, 또 거기에 익숙해져야만 하는 날들이었다. 그 어느 때보다 절대적인 고독이 간절했다. 도리스 레싱의 단편 『19호실로 가다』에서 가명까지 쓰며 싸구려 호텔의 빈 방을 찾았던 수전처럼 나도 19호실이 절실했다. 철저하게 혼자, 멍하게 있고 싶었다.
　커튼 너머 다른 보호자가 의료진과 나누는 대화가 유난히 무겁고 슬픈 날에는 아이를 더 단단히 부여잡았다. 아이가

132

잠들 때까지 기다렸다가 겨우 우는 그 엄마나 아빠를 위로할
말을 찾지 못했으므로 할 수 있는 한 가장 조용히 있는 것이
최선이었다. 바로 옆 침상을 쓰는 사이지만 병실에 내려앉은
침묵을 가벼운 수다로 채우고 싶지 않았다. 말을 하지 않는 것이
차라리 위로가 될 것 같았다.

　　성인과 달리 아이는 자주 아프다. 나이를 먹는다는 건
그 자체로 지금껏 건강한 삶을 영위했다는 반증이다. 세상에
태어난 지 만 10년도 되지 않은 아이들의 작고 여린 몸은 열린
미래의 가능성만큼이나 불운의 확률도 크다. 제 몸이 불덩이같이
달아올라도 어디가 어떻게 아픈지 표현하는 것조차 버겁다.
본인만큼이나 본인을 잘 아는 아주 이타적인 타인, 결국 부모,
대체로 엄마의 도움 없이는 정확한 진단과 적절한 치료를 받기
어렵다. 그런데 엄마의 돌봄을 받을 수 없는 아이는 어떻게
해야 하나. 아이뿐만이 아니다. 사람의 일생은 마치 데칼코마니
같아서 사춘기 같은 갱년기를 지나 노년에는 다시 아이가 된다.
초고령화 시대, 잔병치레도 많지 않은 나는 아무래도 오래 살
것 같은데 윤이에게 부담을 주지 않고 노년을 즐길 수 있을까.
정상가족을 꾸리지 않거나 자녀를 두지 않은 이들의 아픈 노년을
돌봐줄 이는 누구인가. 보통은 자신이 일생 꾸려온 나만의
공간을 벗어나 요양원으로 간다. 요양원에서는 당연히 자신의
신체와 시간을 스스로 통제할 수 없다. 어떻게 죽을 것인지가
아닌 언제 죽을 것인지가 가장 중요한 문제가 된다. 삶의
황혼기에 당할 처사가 아니다.

　　2022년 행정안전부 통계연보에 따르면 이제 1인 가구가

전체의 40.4퍼센트다. 가족은 더 이상 굳건한 보호망이 되지 못한다. 국가의 돌봄은 생의 전 시기에 일관성 있게, 모두에게 골고루 제공되지 않는다. 질병과 고통으로 돌봄이 필요한 이들은 날이 갈수록 빠르게 늘어나는데 한국의 의료시스템은 산업화 시대의 경제우선 논리에서 여전히 벗어나지 못했다. 정권이 교체되어도 정책은 답보를 거듭한다. 미국의 극단적 상황과 비교하며 한국의 의료서비스를 찬탄하기도 하지만 사실 우리 의료서비스는 공공이 아닌 민간이 주도하는 경우가 대부분이다. 전체 의료기관 중 공공의료기관의 비율은 5.8퍼센트에 불과하다. OECD 평균은 65.5퍼센트다. 작년 기준으로 한국의 공공지방의료원 수는 총 35개다. 코로나가 온 나라를 휩쓸었을 때 바로 이 35개 병원에서 지역 코로나 환자의 80퍼센트를 치료했다. 이러니 실비보험과 암보험에 들지 않을 수 없다. 공교육만 믿을 수 없어 학원을 당연시하는 교육환경처럼, 의료환경 또한 암묵적으로 각자도생을 강요한다.

그중에서도 돌봄노동은 공공의 개입이 사실상 없다고 봐도 좋을 정도다. 우리처럼 국민소득이 3만 달러가 넘는 나라 어디에서도 이렇게 보호자가 폭 80센티미터도 안 되는 간병인 베드에서 쪽잠을 자며 돌봄을 도맡지 않는다. 병원의 간병서비스는 당연히 비급여항목이고, 간호간병통합병동은 턱없이 부족하다. 무급 가족노동, 정확히는 여성 가족구성원의 헌신에만 기댄다. 여성의 역할은 변화했는데 남성의 역할이 가사노동, 돌봄노동으로 확대되지 못한 것처럼 국가의 의료 정책도 돌봄노동, 간병노동에 대응하지 못했다.

노인장기요양보험이 도입되면서 노인 요양서비스가 크게 늘어나기는 했지만 서비스 주체는 정부가 아닌 사설 업체다. 그러다 보니 살던 곳에서 나이 들고 싶다는 소박한 소망은 어불성설이고, 적절한 조치가 제때 제공될 것인지조차 안심할 수 없다. 노인장기요양보험은 정액수가제 방식이라 서비스를 공급하는 민간요양 시설에서는 요양 서비스의 질을 낮추고, 돌봄에 드는 원가를 절감하려 들기 때문이다. 그마저도 가난한 노인에게는 기회가 없다. 최소한의 인간적인 삶을 보장해주기 위해 제정한 국민기초생활보호법 역시 마찬가지다. 우리 법은 절대빈곤에 놓인 이들을 부양해야 할 의무가 직계 혈족과 직계혈족의 배우자에게 먼저 있다고 명시해뒀다. 절대적 빈곤층을 돌볼 국가의 책임을 가족, 자녀에게 우선 지우는 것이다.

　이런 식이라면 한국의 미래는 당연히 디스토피아다. 가족은 해체되고 사회는 늙어가는 지금, 우리는 반드시 이 질문에 답해야 한다. 누가 돌볼 것인가. 많은 이가 기대를 걸고 있는 AI가 그 역할을 대신할 수 있을까? 돌봄은 반드시 관계에 기반한다. 자신을 돌봐줄 관계를 오랜 시간에 걸쳐 만들어두지 못한 사람들, 결국 돈 없고 자원이 부족한 이들이 제일 먼저 AI 앞에 가게 될 것이다. 지자체가 독거노인들에게 스마트 토이봇 '효돌이'를 지급한 것처럼 비대면 의료·돌봄서비스는 반드시 주변에서 시작해 중앙으로 진입할 것이다. 이미 질병은 차별적으로 찾아온다. 비만이 빈곤의 결과라는 것은 주지의 사실이다. 이 세계의 주변부에 머무르는 가난한 이들은 코로나 팬데믹까지 거치며 신체적, 정신적 건강에 큰 손상을 입었다.

매들린 번팅은『사랑의 노동』에서 돌봄의 문제를 공동체의 기계적 선택에 맡겨버리면 돌봄은 더 이상 설 자리가 없다고 경고했다. 아픈 것까지 자기 운명은 다 자기 책임이라고 생각하게 만드는 기술, 아네마리 몰이 "규율의 기술"이라고 명명한 자본주의의 신기술 때문이다. 그는 오히려 돌봄이 미래 사회에 가장 창조적인 일이 될 것이라 예측한다. 영국만 하더라도 2009년에서 2019년 사이 돌봄 노동력이 20퍼센트 증가했으며, 포스트 코로나 시대에도 그 증가세는 계속 되리라는 것이다. 세 개의 C, 돌봄(care), 요리(cooking), 창조적 산업(creative industry) 정도만이 미래 사회의 완전한 자동화에 대해 영향력을 가질 수 있을 것이라는 그의 견해는 인류가 자성할 수 있으리라는 희망을 준다.

신자유주의적 자기관리는 친절이나 배려, 돌봄을 중요한 덕목으로 여기지 않는다. 코로나 팬데믹은 고립을 가속화시켰다. 긴 시간에 걸친, 눈에 보이지 않는 부단한 노동과 사람 사이의 관계로 지탱되는 돌봄은 정량적 수치나 데이터로 그 양을 측정할 수 없을뿐더러 인사팀이 좋아하는 KPI를 만들어 평가할 수도 없다. 테크놀로지로 쉽사리 대체하기도 어렵다. 매들린 번팅의 말처럼 4차 산업혁명 시대에 일자리는 어쩌면 돌봄영역에 가장 많을지도 모른다. 사실 신자유주의의 지침대로라면 돌봄이야말로 진작에 매매되었어야 할 상품이다. 자기계발이 자기상품화 전략으로 업데이트되면서 현대인들은 자신의 소유물이라면 뭐든지 갖다 판다. 배달치킨에 딸려 온 음료수까지 당근마켓에 내놓고, 정식 자격증이 없어도 인터넷 카페를 통해 돈을 받고 테니스를 가르친다. 구직에 성공한 자기소개서처럼 소소한 경험치까지 몽땅 시장에 내놓고 화폐로 교환하는 사람이야말로 신자유주의에 가장 잘 적응한 인간형이다. 지금껏 돌봄이 개인 간에 활발하게 상품으로 거래되지 않았던 이유는 불법 성매매나 성범죄 등에 노출될 위험이 너무 크기 때문일 것이다. 영화 「시」의 주인공 미자가 요양보호사로 일하다 겪었던 모멸적인 일은 그리 드문 사례가 아니다.

실제 스위스에서는 배우자나 부모를 간병하는 것도 슈피텍스 근무로 인정해주자는 제도 개선안을 논의 중이라 한다. 슈피텍스(Spitex)는 노약자 방문돌봄 서비스를 제공하는 비영리단체다. 개인이 비용의 19퍼센트 가량을 지불하고 나머지는 스위스 정부와 건강보험 비용으로 충당하는데, 이제 내 가족을 돌보는 것도 슈피텍스 서비스로 인정해 급여를 주자는 것이다. 지역사회 돌봄을 구축하자는 논의도 점차 늘어나고 있다. 편찮으신 부모님을 시설에 맡기자니 죄책감이 들고, 직접 돌보자니 형편이 여의치 않은 수많은 자녀들의 짐을 국가와 지자체가 나눠지자는 제안이다. 일본처럼 돌봄화폐를 시도하는 경우도 있다. 일찌감치 고령화사회에 진입한 일본이 1970년대부터 시도한 방법인데 '후레아이 키푸'(ふれあい切符, Caring Relationship Tickets)라고 한다. 평소 노인들을 도와 시간 점수를 얻고, 이 점수를 나이가 들었을 때 본인이 스스로 상환받거나 다른 도시에 사는 더 나이가 많은 가족구성원에게 선물할 수도 있다. 심지어 점수는 현금으로 지급될 수도 있다. 평범한 사람들의 참여가 늘어날 수밖에 없다.

돌봄은 시설에 갇혀서도, 가족에 전유되어서도 안 된다. 아직 헌법으로 성문화되지는 않았지만 돌봄을 받을 권리는 인간의 기본권이다. 돌봄은 인간이 인간의 존엄을 지킬 수 있는 마지막 보루다. 우선 돌봄의 가치를 재정립하는 것이 선행되어야 한다. 눈에 보이지 않지만 돌봄이 구현하는 가치가 효율, 성공, 개인적 성취보다 중요하다는 점을 모두가 긍정할 때, 지역사회 돌봄이 가능하다. 기꺼이 서로를 돌보겠다는 개인 간의 친밀한 관계에 대해서 사회가 등가교환을 할 준비가 되었을 때 비로소 돌봄화폐를 도입할 수 있을 것이다.

너무 빤히
보지 마세요

아픈 지 넉달 만에 윤이도 결국 머리를 밀었다. 가발을 맞춤 제작하려면 어쩔 수 없이 머리를 완전히 민 다음, 피팅을 해야 했다. 그동안 머리가 워낙 많이 빠져 듬성듬성 두피가 들여다보이는 지경이기도 했다. 줄어드는 머리숱을 보며 아주 오랫동안 마음의 준비를 해서인지 우리 둘 다 울지 않았다. 매끈해진 머리를 만지며 아이는 머쓱하게 웃었고, 나는 머리가 없어도 너무 예쁘다며 호들갑을 떨었다. 머리는 어른들뿐 아니라 아이들에게도 매우 중요한 문제다.

윤이에게 아직 머리가 까맣게 남아 있던 무렵, 병동에서 만난 1학년 여자 동생도 그랬다. 윤이보다 한참 전에 투병을 시작한 동생은 자기는 벌써 문어가 됐다며 윤이를 부러워했다. 윤이는 그 동생에게 나도 곧 너처럼 문어가 될 거고 네 머리도 곧 다시 자랄 거라며 의연하게 공감과 위로를 보냈다. 꽤 오래전의 일이지만 아이에게는 '문어'의 기억이 강렬했던 모양이다. 둘밖에 없는 차 안인데도 굳이 모자를 쓰고 집에 돌아오던 길, 아이는 "나도 문어네"라고 나지막이 중얼거렸다. 슬픈 목소리도 아니고, 엄마를 웃겨보려는 말투도 아니었다. 혼잣말이라 다행이었다. 아이를 위로해줄 수 있는 가장 현명한 대답이 무엇이었는지 나는 아직도 모르겠다.

아이와 함께 병원학교를 다니는 오빠 두 명도 머리에 상당히 민감했다. 윤이와의 첫 만남에서 머리를 확인한 이후, 언제 윤이가 자기들같은 메추리알이 될지 주시하며 장난을 치곤 했다. 6학년 오빠는 확실히 어른스러웠다. "우리는 나중에 군대를 안 간대. 그래도 머리는 한번 밀어야 해서 지금 대신 민 거라고 생각하기로 했어"라며 낙관도 비관도 아닌 달관의 자세를 보였다.

마침내 가발을 찾으러 간 날, 아이는 더없이 신중했다. 가발의 마지막 손질을 위해 원하는 머리 길이를 묻자 자신이 언제 학교로 복귀할 수 있는지를 물었다. 이어 사람의 머리는 얼마나 빨리 자라는지 궁금해했다. 한참을 고민하던 아이가 드디어 원하는 머리 길이를 알려주었다. 자신의 머리가 평소처럼 자연스럽게 자라면 학교에 복귀할 즈음 이 정도가 될 것이라는 계산 끝에 정한 길이였다. 한때 문어였다는 사실조차도 들키고 싶지 않은 것이다. 또 가발이 약간 뒤로 넘어가더라도 들키지 않게 앞머리를 만들어달라고 했다. 자신의 기준에 거의 완벽한 가발이 완성됐음에도 아이의 걱정은 끝나지 않았다. 학교에서 가발이나 모자가 벗겨질 수도 있는데 아이들이 이상하게 생각하면 어쩌지? 급식 당번을 할 때는 머리를 묶어야 하는데 가발도 머리처럼 꽉 묶어도 되는 거야? 아이들이 내 머리가 예쁘다고 만져보면 어떻게 해? 아이의 머리가 완전히 사라진 이후, 나와 남편도 내내 전전긍긍이었다. 가끔씩 주위 시선은 생각도 않고 덥다며 훌렁훌렁 비니나 가발을 벗어버릴 때마다 가슴이 철렁했다.

소아암 환아들은 필연적으로 외모 변화를 겪는다. 미디어가 손쉽게 묘사하듯 머리가 빠지고 낯빛이 창백해지는 데 그치지 않고 아이마다, 병마다 다른 변화가 서서히 또는 급격히 찾아온다. 날씨나 복장과 어울리지 않는 모자를 쓰고 있다, 피부가 지나치게 희거나 검다, 하체에 비해 상체의 길이가 짧다, 사시처럼 시선 처리가 어색하다, 손발톱이 검다, 볼살이 지나치게 많이 붙었다, 걸음걸이가 부자연스럽다, 화장한 것처럼 눈썹이 진하다, 아이인데 털이 많다, 배가 나왔다, 아토피처럼 붉은 발진이 여기저기 보인다 등 그 양상은 헤아릴 수 없이 다양하다. 독한 항암제와 방사선 치료, 수술 등이 남긴 흔적이다.
평범하지 않은 모습에 한 번 더 시선을 주고, 감상인지 응원일지 모를 말을 쉽게 던지면 아이는 상처받는다. '머리가 반짝반짝하네', '맛있는 거 많이 먹고 배가 볼록 나왔구나, 귀여워라' 같은 말을 마음대로 던지지 말라는 것이다. 시선이 가더라도 오래 눈을 두지 말고 다른 아이들을 대하듯 자연스럽게 굴어야 한다. 우리는 어른의 외모에 대해서는 함부로 평가하지 말고, 불필요한 시선이나 언급도 조심하라고 하면서 아이에게는 동일한 예의를 적용하지 않는다. 아이도 다 안다. 자신의 외모가 친구들과 다르다는 것, 가만히 있어도 자신이 눈에 띈다는 것, 그래서 어른들이 자신을 불쌍해하거나 불편해한다는 것을.

소아암 환자의 치료에 있어 장기 생존 못지않게 중요한 것은 완치 후 삶의 질이다. 살아온 날보다 살아갈 날이 너무 많은 이들이기에 그렇다. 소아암 생존자들이 다시 출발선에 섰을 때, 괜한 시선에 위축되지 않도록 이들을 환대하는 태도가 모두에게 필요하다. 김현경이 『사람, 장소, 환대』에서 말했듯, 인간은 사회에서 인정을 받을 때 비로소 사람이 된다. 성별, 인종, 나이, 계급, 질병의 유무 등 조건에 상관없이 자리를 마련해주고 환대할 때 사람이 되는 것이다. 우리 사회는 아픈 이들을 환대하지 않는다. 환자가 환대(hospitality)받는 곳은 병원(hospital)뿐이다. 늙거나 곧 늙어갈 사람들, 다른 이들보다 훨씬 빨리 늙어갈 소아암 환자들도 탈락이다. 이들 모두는 다른 '사람'들과 마찬가지로 환대받아야 한다. 모든 인간은 언젠가 늙거나 아프거나 죽는다는 명제만 생각해봐도 그렇다.

현수네
둥근달

비극의 주인공이 비단 나와 윤이뿐은 아니었다. 소아청소년

병동에는 소아암에 맞서 어려운 싸움을 벌이고 있는 소아청소년 환자들, 그리고 이들의 보호자가 가득했다. 소아암을 전문적으로 치료하는 대형병원의 수가 적고, 그마저도 서울경기권에 몰려 있다 보니 전국에서 많은 환아들이 몰려온다. 병상은 늘 부족하고, 병원 인근의 환자방과 쉼터도 항상 만원이다. 비극은 성별, 지역, 계급 등을 가리지 않고 공평하게 찾아온다. 내가 관찰한 바로는 영호남의 비율도 거의 정확히 반반이다. 살아온 곳이나 다니던 학교는 전혀 다르지만 병동에서 만나는 순간 경계는 흐릿해진다. 문자 그대로 동병상련이다.

처음에는 적잖이 당황스러웠다. 예고도 없이 불쑥 찾아오는 친절에 어떻게 답해야 할지 알 수 없었다. 가령 이런 식이다. 옆 병상의 열두 살 남자 환아를 보살피는 할머니가 갑자기 커튼을 확 젖히고 커피를 건네주신다. 보냉병에 담아둬 딱 먹기 좋게 시원한 믹스커피가 반갑지만, 이렇게 선뜻 받아도 되는지 레이더가 작동하기 시작한다. 일단 받아 마시고, 어떻게 답례해야 할지 고민한다. 이런 식으로 무언가를 계속 주고받다 보면 커튼은 더 자주 젖혀지고, 나는 더 자주 놀랄 텐데 벌써부터 부담스럽다. 그리고 그날 저녁, 할머니는 유튜브를 크게 틀어놓는다. 「백만송이 장미」를 심수봉이 부르고, 김호중도 부르고, 이름도 모를 가수들이 계속 부른다. 「백만송이 장미」는 좋은 노래고, 오랜만에 들으니 더 좋았지만 이제는 그만 듣고 싶다. 윤이가 책 읽는 데 방해가 되는 것 같기도 하다. 하지만 볼륨을 줄여달라고 차마 말하지 못한다. 낮에 커피를 받아 마시지 않았다면 말할 수 있었을까? 암 병동 다인실에서 가장 바람직한 처신이란 무엇일까?

　살갑게 말을 붙이는 또래 엄마들에게도 마음을 열기가
쉽지 않았다. 한참이나 낯을 가리다 처음으로 대화한 다른
보호자는 윤이의 진단명을 듣자마자 묻지도 않은 말을 꺼냈다.
"아, 필라델피아 양성이에요? 그러면 항암 몇 번 더하고
이식하겠구나. 우리 애는 다행히 유전자 변이가 없어서 항암만
죽 하자고 하시네요. 근데 좀 길게 기간을 잡더라고요." 다시는
말을 섞고 싶지 않았다. 바로 이런 간섭과 무신경함이 싫어서
다른 보호자들을 피했던 거였다.

　조혈모세포 이식, 소위 골수이식은 혈액종양의 가장
확실한 치료법 중 하나로 알려져 있지만 그 반대급부도
상당하다. 우리가 간절히 원한 것은 백혈병이 발병하기 전의
상태, 즉 원래의 윤이와 티끌 하나 다르지 않은 상태로 온전히
돌아가는 것이었다. 사실 그런 점에서 이식은 우리의 바람에
정면으로 반하는 치료였다. 조혈모세포 이식은 내 것이 아닌
완전히 새로운 골수가 원래의 내 것을 대체한다는 뜻이다.
모순적이지만 이식을 해서 새 생명을 얻으면 정작 이식을 받은
본인의 생식세포는 활동을 멈춘다. 이식을 위해 강도 높은
항암을 전처치로 시행하는데, 이 과정에서 불임을 피하기 어려운
것이다. 또 이식 후에 격렬한 거부 반응이 나타날 수도 있고,
면역력이 크게 떨어져 감염 위험도 매우 높다. 당시 윤이의 치료
방향은 아직 확정되지 않은 상태였지만 나는 어떻게든 이식을
피하고 싶었다. 누구나 그럴 것이다. 하지만 이식밖에는 다른
선택지가 없는 환자들도 많기 때문에 병원에서 대화할 때는

이식을 두고 가타부타 말을 꺼내지 않는 것이 상책이라 여기고 있었다. 그런데 그걸 그렇게 웃으며 말할 것까지야. 성난 마음이 쉬 가라앉지 않았다. 알지도 못하면서, 염색체랑 유전자도 구별 못하면서 이식을 할지 말지 자기가 어떻게 알아, 우리 애는 달라, 학계에 보고될 만큼 일찌감치 완치해서 나갈 거야, 여기는 정말 잠깐 머무르는 거야. 서로 전화번호를 교환하고, 이모라 불리고, 카톡 프로필 사진을 보며 근황을 궁금해하고, 그런 건 하지 않을 거야. 우리는 곧 떠날 거니까.

결과적으로 윤이는 이식을 하지 않기로 했지만 유치하기 짝이 없던 내 다짐은 진작에 무너졌다. 특히 아이가 병원학교에 입교한 후, 다른 아이들과 어울리면서 엄마들과의 교류도 자연스레 많아졌다. 나와 달리 쿨하고 속이 넓은 윤이는 누구도 가리지 않고 선뜻 다가서서 친해졌다. 사실 이식을 하지 않더라도 윤이는 어차피 새로운 정체성을 가져야 한다. 재발이라는 보이지 않는 위협과 싸우며 불확실성에 견디는 법을 배워야 한다. 무언가를 새로 시작하거나 진로를 정할 때마다 많은 제약이 따를 암 생존자로서의 새 정체성에 익숙해져야 할 것이다. 괜한 방어에 힘을 빼느라 정작 중요한 것을 알지 못했다.

병원에 있는 동안 참 많은 보호자들에게 신세를 졌다. 일한다는 핑계로 아이를 할머니에게 맡겨두었던 나는 윤이가 기저귀를 떼거나 어린이집에 최초 입소할 때도 혼자 감당하지 못했는데 여기서도 마찬가지였다.

아직 윤이의 항암 부작용에 익숙하지 않을 때였다. 먹은 것도 별로 없는 아이가 갑자기 토를 하기 시작했다. 소나기밥이

아니라 소나기토라고 해도 좋을 정도로 갑작스럽고 멈출 기미도
보이지 않았다. 부랴부랴 비닐봉지를 찾고 허둥대는데 커튼이
조심스럽게 살짝 열렸다. 맞은편 병상에 있던 현수 엄마가 손만
넣고 작은 세숫대야를 건네주었다. 그 대야가 나를 구했다.
호랑이에게 쫓기는데 내려온 동아줄이 따로 없었다. 현수는
적극적 치료를 모두 마치고 목포로 돌아갔지만 대야는 남았다.
어두운 밤 둥근 달처럼 지금도 우리 곁을 지킨다. 크기도
적당하고 윤이가 좋아하는 보라색인데다 접이식이라 짐을 쌀
때도 편한 대야를 볼 때마다 현수네를 생각한다. 아직 신세를
갚지 못했는데 현수한테 언제 어떻게 좋은 이모가 될 수 있을지
고민하다 윤이가 다 나으면 목포에 놀러가야겠다고 생각한다.
현수한테는 형아들이나 입을 멋진 셔츠를 한 벌 사주고, 현수
엄마랑은 삼치회에 소주 한잔 먹어야지, 하고 대야를 볼 때마다
생각한다.

혼자보단 둘,
둘보단 셋

무균실에서 지내는 동안 2인실을 혼자 쓰고 있었는데 드디어
옆 병상에 다른 환자분이 왔다. 이렇게 두 명 이상이 쓰는
병실은 준무균실이다. 이식 직전이나 직후의 환자들이 사용하는
1인용 무균실에 비해 조금 숨통이 트이는 환경이다. 새 이웃이
간병인과 화장실에 가셨을 때, 윤이가 내게 속삭였다. "할머니가
오신다더니 할아버지야." 윤이 눈엔 그리 보였을 것이다.

독한 항암의 흔적이 지나간 자리는 텅 비어 있었고 아기새의 솜털처럼 짧고 가느다란 흰머리가 아주 약간 자라 있었다. 품이 큰 병원복이 마른 팔다리에 자꾸 감겼다. 항암만 열 번을 하셨고, 얼마 전 조혈모세포 이식을 하셨다고 했다. 운이 좋아 조건이 100퍼센트 일치하는 공여자를 세 명이나 찾았는데 그중 가장 젊은 남자분의 조혈모세포를 받으셨다고 했다. 이제 곧 할머니의 혈액형은 바뀌고, 몸 안에서는 새로운 골수가 건강한 피를 만들어내게 될 것이다. 실제 병원에서는 조혈모세포 이식일을 두 번째 생일로 부르며 이식 후 1년 되는 날을 아기 돌처럼 축하해준다. 이식을 막 마치신 할머니는 꼭 아기새 같았다.

할머니가 오신 후로 함께 하는 일이 많아졌다. 다음 날 저녁에는 같이 티브이를 봤는데 KBS 「불후의 명곡」이었다. 윤이는 투니버스를 보고 싶어 했지만 더 투정부리지 않았다. 빵이며 과일, 간식거리를 자주 받아 먹었으니 눈치를 보기도 했을 것이다. 사실 얼마 후에는 윤이가 공중파 일일드라마 줄거리까지 소상히 알고 있어서 깜짝 놀랐다. 내가 샤워하느라 자리를 비운 시간마다 할머니들과 함께 드라마를 본 모양이었다. 무대에서는 미얀마에서 망명한 소녀 완이화와 폴 포츠가 듀엣으로 백지영의 노래를 부르고 있었다. 간암으로 돌아가신 완이화의 어머니를 위한 사모곡이라 했다. 폴 포츠와 백지영도 다사다난한 인생사라면 빠질 수 없는 인물들일 텐데 기막힌 조합이자 선곡이었다. 더구나 여기는 암병동, 더없이 감정을 이입하기 좋은 환경이다. 하지만 74세 할머니와 50대 간병인, 일곱 살 아이와 30대 엄마, 네 여성 누구도 울지 않았다.

파인애플 통조림을 따 사이좋게 나누어 먹으며 남은 가수들의
노래를 마저 들었다.

할머니 휴대폰에 병원 어플도 깔아드렸다. 이런 건 애기
엄마가 잘 알 거라며 도와달라고 하셨는데 내가 안드로이드
운영체제에 버벅거리는 통에 결국 넷이 같이 했다. 할머니가
핸드폰을 잠금해제하고, 윤이가 구글플레이를 찾은 다음,
내가 암센터 앱을 설치하고 간병인 할머니가 불러주시는
환자등록번호로 회원가입과 로그인까지 마쳤다. 이제
간호사에게 물어보지 않고 휴대폰으로 검사 결과를 바로 확인할
수 있겠다며 할머니 두 분 다 좋아하셨다. 나는 안드로이드
사용법을 익힌 것 같아 좋았고, 윤이도 어른들이랑 어깨를
나란히 할 수 있어서 기분 좋아 보였다. 그렇게 병원생활에
조금씩 익숙해져갔다. 계속 나 혼자였다면 아마 그러지 못했을
것이다.

노년의
노동

병원 앞 횡단보도에 3분만 서 있어도 물티슈 네다섯 개는
너끈히 얻을 수 있다. 신호가 바뀌기를 기다리는 짧은 시간을
틈타 요양병원 관계자들이 물티슈에 브로슈어를 얹어 부지런히
건네준다. 암 전문, 여성 전용, 양한방 통합치료, 서울대 의료진
등 요양병원에도 차별화 포인트가 있다. 지금 나는 영락없이
간병인 행색이구나 싶어 민망하고, 물티슈를 건네는 이들이

노인이라는 데 부아가 치민다. 익숙한 불편함이다. 직장 근처
식당이나 초저녁의 번화가에 가면 늘 노인들이 종이를 흔들고
있다. 신장개업한 식당이나 술집의 전단을 한 다발 들고 서서는
본인보다 젊고 건장한 이들에게 쉴 새 없이 팔을 뻗는다.
성가셔하는 표정이 역력한 사람들이 지나간 거리마다 전단이
쌓인다. 가난한 노인을 냉대하기는 아무래도 불편한 탓일까. 젊은
아르바이트생보다야 노인이 전단을 나눠줄 때 받는 사람이 더
많다. 쓰레기 컨베이어 벨트와 다름없는 이 무효한 홍보 방식은
대체 왜 계속되는 것인가.

어디 전단 배포뿐일까. 폐지 수집, 재활용품 분리수거,
지하철 택배, 주차장 출입구 보초, 도로변 잡초 제거, 흡연구역
안팎의 담배꽁초 줍기 등 무시와 홀대를 견뎌야 하는 일은
대개 노인의 몫이다. 단지 체력과 근력이 모자라 이런 일을
자처하는 것이 아니다. 노인에게는 다른 일자리가 없기 때문이다.
나이가 들었을 뿐인데 돈을 벌 기회도, 자원도 모두 잃은
노인들은 자신들의 고통을 정치의 의제, 공적인 문제로 삼지
않는다. 순응한다. 이 강제된 무력함을 사회는 이순(耳順)이라
추어올리며 시혜적 태도로 고만고만한 노인 일자리를 양산한다.

한국 노인의 삶은 유난히 고단하다. 가난한 여성 노인은
더 그렇다. 소준철이 『가난의 문법』에서 관찰한바, 여성 노인은
병든 남편이나 돌봐야 할 어린 손주가 있을 경우, 폐지를 주우며
골목을 돌아다니다가도 식사 시간에 맞춰 집에 돌아가 밥을
차리는 경우가 많다. 한평생 그래왔듯 여전히 일과 가사를
병행하는 것이다. 저자가 창작한 주인공, 1945년생 윤영자의

사례를 보자. 윤영자는 북아현동에서 폐품을 주워 팔며 근근이 살아가는 노인이다. 그가 처음부터 가난했던 것은 아니다. 국민학교 졸업 후, 동네 가게에서 서무를 보다가 지금의 남편과 중매결혼했다. 동사무소 직원이었던 남편은 남방개발 붐에 휩쓸려 인도네시아로 떠나버렸고 윤영자가 복덕방 보조 일로 생계를 책임지고 양육을 도맡아야 했다. 귀국한 남편은 이런저런 사업을 벌였지만 죄다 망했고 윤영자는 화장품 방문판매를 시작한다. 다행히 남편이 차린 동네 가게가 잘돼 내 집 마련에 성공한다. 그러나 IMF 시기에 정리해고를 당한 큰 사위와 막내딸, 장남에게 사업자금을 내줘야 했다. 집을 팔아야 했고 설상가상 남편도 아프기 시작했다. 부모님께 손을 벌려 슈퍼를 차린 장남은 2008년 금융 위기 때 쓰러졌다. 빈손이 된 윤영자는 기초노령연금을 신청했지만 부양의무자인 자녀의 재산과 소득 때문에 수급자가 되지 못했다. 아픈 남편도 딸네로 들어가면서 이제 윤영자는 거리에 홀로 남았다.

윤영자는 어쩌다 폐지 줍는 노인이 됐을까? 세간의 통념과 달리 그는 무지하지도, 나태하지도 않다. 그저 남방개발 파견이나 IMF 경제위기 같은 사회의 급변에 휩쓸렸을 뿐이다. 국가는 뒤처진 이들을 방기했고, 복지는 가족의 몫이 됐다. 사실 윤영자의 가족이야말로 이 비극에 가장 깊이 연루된 이들이다. 남편의 전직과 창업, 축적한 자산의 처분 여부와 시기 등 그의 삶을 좌지우지할 중대한 의사결정 과정에서 윤영자의 의견은 거의 반영되지 못했다. 반면 잘못된 의사결정의 책임은 오롯이 그가 졌다. 윤영자는 시대의 아이콘이다. 수많은 윤영자들이 감내해온 고통과 희생이 얼마나 미화되었는지는 대중매체에 수시로 인용되는 신파적 사모곡이 증명한다. 윤영자는 가족 내 정치에서 소외됐고, 현실정치에서도 버림받았다.

자신의 의지나 선택과 상관없이 망가져버린 삶을 도저히 어쩌지 못하는 이들에게는 일이 필요하다. 부양가족도 없고, 경제활동은 하지 못해 국가 재정에 짐스러운 존재가 되지 않으려면 용돈벌이라도 해야 한다는 뜻이 아니다. 노인을 우리 공동체의 평등한 구성원으로, 자유로운 시민으로 인정하기 위해 노인이 더더욱 일을 가져야 한다는 뜻이다. 노인유치원처럼 퇴행적 느낌이 물씬 풍기는 라벨을 붙여 이들을 공동체에서 분리해내고 돌봄의 대상으로 가둬두지 않으려면 노인에게는 일이 필요하다. 그리고 그 일은 마땅히 '좋은 일'이이어야 한다. 정년이 넘었다는 이유로 구직 자격을 공식적으로 박탈당한 이들에게 일은 그 자체로 인간의 조건이 된다. 한나 아렌트는 인간의 조건, 즉 생동하는 삶(vita activa)을 위한 조건으로 노동(labor), 작업(work), 행위(action)를 꼽았다. 노인의 일은 그 조건들의 경계를 자유롭게 들락거린다. 윤영자가 모은 폐지는 비록 처참한 수준이지만 노동 가치를 인정받았기에 화폐로 교환된다. 그는 주워 온 고물을 장기 보관하고, 이동 효율을 높이는 데 창의성을 발휘하며, 같은 일을 하는 동료 노인들과 수시로 정보를 나누기도 한다. 그에게 일은 관계라는 가치를 생산하고 축적하는 수단이기도 한 것이다.

집에 계시는 것보다야 나와서 뭐라도 하면 건강에도 좋고 용돈도 벌 수 있지 않냐는 식의 접근은 노년의 삶을 모욕한다.

거의 모든 정치인이 노인 일자리를 많이 만들어드리겠다고 공언하지만 어떤 일자리를 만들어야 하는지는 깊게 고민하지 않는다. 늘려야 할 노년의 노동은 무엇이고, 줄여야 할 노동은 무엇인지 협의하는 것이 노인을 위한 정치다. 부모님을 측은히 여기지만 모실 여력은 없는 대다수의 평범한 자식들은 이러지도 저러지도 못하고 노인에게 돌봄노동을 떠맡기거나 자본과 기관의 착취를 묵인한다. 다가올 죽음을 어떻게 준비할 것인지 진작부터 소통하고 합의하지 못한 탓이다. 가족과 국가 모두에게 부담이 되어버린 노인의 삶과 일에 주목해야 한다. 그렇지 않으면 가난한 노인의 비극은 아래로 대물림되는 동시에 노령화 속도에 발맞춰 사방으로 확산될 것이다. 정치의 역할이 절실하다. 일·가정 양립 정책은 여성 노인에 의해 수행되는 가사노동과 돌봄노동에 대한 정당한 평가와 보상 방식을 반드시 수립해야 한다. 플랫폼 노동자, 유튜브 크리에이터, 특수고용직 등 다양한 형태의 노동자들을 위해 근로기준법을 새로 쓰려면 신(新)노동자의 범주에 노인도 포함시켜야 한다. 임시 계약직으로 일하는 노령 노동자를 제도권 내로 진입시켜 노령연금 외 4대 보험으로 이들을 보호하는 제도를 고안해야 한다. 인류 모두가 디지털·기계화의 영향에서 자유로울 수 없듯 모든 노동자는 노인 노동자가 된다. 노년의 노동은 돌봄만큼이나 긴급하게 해결해야 할 모두의 숙제다.

5막: 의학의 태도

어린이의
행복

정신을 좀 차리고 나니 아이의 교육 문제가 퍼뜩 떠올랐다.
다니던 초등학교에서는 이런 사례를 경험해본 적 없다는
이유로 답이 늦거나 배려가 부족했다. 공부는 혼자 하더라도
학업성취도는 학교에서 평가해주는지 물었더니 원하면 학교에
와서 시험을 봐도 된다고 했다. 수행평가의 경우, 학교 내
비상설기구인 학업성적관리위원회를 먼저 열어 이런 '특수한'
상황에서의 방법을 논의해야 한다고 했다. 학교에 가서 시험을
볼 수 있을 정도의 아이라면 왜 수업도 학교에서 듣지 않겠는가?
아픈 학생의 수행평가 방식이 과연 별도의 위원회를 열어야 할
정도의 난제인가? 그 위원회는 건강장애 학생에 대한 식견을
갖춘 전문가들이 참여하는 진짜 위원회인가, 아니면 요식
절차인가?

물론 정부에서 구축한 온라인 학교 시스템이 있기는 하지만
입퇴원을 반복하며 집중치료를 받는 아이들은 실시간으로
진행되는 화상수업에 매일 참여하기 어렵다. 그마저도 여러
사정으로 휴강하는 경우가 잦고 실제 교실에서 이뤄지는
그룹활동은 흉내 내기도 어렵다. 결국 온라인 학교는 인강
채널이나 출석일수를 채우는 수단에 그치고 만다. 동영상
강의 한 편을 보면 출석 1일을 인정해주기 때문이다. 사실
하루아침에 또래집단으로부터 고립된 아이에게 가장 절실한
것은 친구들이나 선생님과의 만남이다. 교과진도야 인터넷

강의나 개별학습으로 따라갈 수 있겠지만 병원 침상에서
사회성까지 발달시킬 방법은 없다. 아이 컨디션에 따라 온라인
스쿨과 학교 정상등교를 병행해도 되는지 문의했더니 학교에서
난색을 표했다. 안 되는 것은 아니지만 그럴 경우, 담임교사와
특수교사, 보건교사 전부가 아이의 의료적 상황을 지속적으로
추적해야 하고, 현장학습이나 급식 등 교장 선생님까지 나서야
할 사안이 많아 어렵다고 했다. 윤이가 학교에 오지 않았으면
하는 눈치였다. 어차피 난치병이라 당장 복귀도 어려운
아이에게 공직자가 번외 열정을 쏟을 생각은 전혀 없어 보였다.
공무원들의 무사안일주의는 말할 것도 없고 아픈 학생과 동행할
시스템이나 인프라가 전무했다.

다행히 윤이는 얼마 지나지 않아 병원학교에 입교할 수
있었다. 입원 시기뿐 아니라 통원치료를 받을 때도 병원학교만
꾸준히 다니니 아이도 소속감을 다시 느꼈고, 다른 환아들과
교류할 수 있어 한결 좋았다. 병원학교는 인근 초등학교의
순회학급 형태로 병원 내에서 운영되는 특수학교다. 선생님
한 분이 여러 학년의 아이를 지도해서 학급의 규모는 작아도
교육부에서 인정하는 정식 교육기관이다. 지금은 암을 치료하는
거의 모든 대형병원에 병원학교가 개설됐지만 이 역시 결코
쉽게 이룬 성취가 아니다. 만성적자에 시달리는 대형병원
입장에서는 병실당 발생할 수익을 고려하면 병원학교를 위한
공간을 선뜻 할애하기 어려웠을 것이다. 또한 병원학교는
자연히 운영의 수고와 번거로움도 동반한다. 소아청소년과
의료진과 뜻있는 이들이 오직 소아암 환아들을 위해 어렵사리

일궈낸 보금자리가 바로 이 병원학교다. 다만 병원학교가 대형 상급병원에만 있다 보니 지역별로 접근성에 차이가 있다. 지역별 암치료 격차와 유사하다. 병원학교가 있는 대형병원 인근에 거주하는 아이들에게 훨씬 유리한 것이다. 그러나 중학교 이상의 청소년들이 학업을 이어 나갈만큼 구색을 갖추지는 못했다.

　재난을 당하듯 질병을 얻은 아이도 제 또래의 아이들처럼 배우고, 생각하고, 클 수 있는 단계별 커리큘럼이 있어야 한다. 특수한 상황에 처한 아이의 사회성을 발달시키고, 자존감을 어루만져줄 체계적이고 전문적인 심리치료 프로그램도 필요하다. 당장 준비가 안 됐다면 원학교에서라도 아픈 학생들을 위한 개별 과제-피드백 방식을 별도로 수립해야 한다. 인구절벽 위기에 맞서 단 한 명의 아이도 포기하지 않겠다고 선언한 정부라면 당연히 해야 할 일이다. 지난 3년간 코로나19의 터널에 갇혀 있던 유아, 초·중·고 학생들을 대상으로는 지원책이 제법 다양하다. 코로나 블루를 극복할 수 있도록 정신건강 치료를 지원하고, 떨어진 체력을 염려해 운동회와 체력교실 운영도 지원한다고 한다. 교우관계 개선을 위한 별도의 프로그램도 있다. 영유아 대상으로는 지자체별로 언어·정서 발달을 지원하는 정책을 집행한다. 하지만 똑같은 공교육의 수혜자임에도 불구하고 소아암 환자들은 완전한 사각지대에 있다. 현행 공교육 시스템은 환아들을 포용할 준비가 부실하고, 현실을 반영하지 못한 보완책은 낡은 치료법처럼 환아들에게 효능이 없다. 교육받을 기회가 박탈되니 아이들의 행복과 자존감도 함께 무너진다.

때마침 『시사인』(794호) 기획기사가 눈에 들어왔다. 코로나 이후 달라진 어린이들의 행복도를 조사하기 위해 어린이들에게 직접 질문을 던지고 구체적 수치로 정량화한 것이다. 많은 기회가 제약되고 심지어 학교도 문을 닫았던 시간을 보냈지만 어린이들은 의외로 담담했다. 예상대로 이전 세대의 어린이들에 비해 행복감이 낮기는 했으나 낙폭은 그리 크지 않았다. 인상적인 것은 질문지였다. 아이들에게 지금 행복하냐고 물으며 던진 질문 중 몇 가지는 이렇다.

- 나는 미래에 대해 긍정적으로 생각한다
- 나는 나의 모습 그대로를 좋아한다
- 나는 내 인생에 만족한다
- 내 인생에는 좋은 일이 많이 일어난다
- 내 인생은 잘 흘러가고 있다
- 나는 내가 어떻게 시간을 보낼지에 대해 충분히 선택할 수 있다
- 나는 현재 많은 것을 배우고 있는 것 같다
- 나는 날마다 내가 해야 할 일들을 잘 처리하고 있다

같은 질문을 소아암 환자들에게 던지면 어떨까? 아마 최악의 결과가 나올 것이다. 병동의 대다수 어린이들은 스스로 불행하다고 생각하는 경우가 많다. 병에 걸린 자신이 불행하고, 대머리에 살이 찐 모습은 못생긴데다, 매일 주사에 항암제에 좋은 일이라고는 하나도 없다. 병원에서 할 수 있는 일이라고는 누워서 게임을 하거나 유튜브를 보는 것뿐이다. 화장실도 혼자

못 가 누군가가 도와줘야 한다.

아이들은 어른이 생각하는 것보다 훨씬 더 많은 것을 알고 있고, 깜짝 놀랄 정도로 더 깊이 이해한다. 그렇지만 그로 인한 감정까지 온전히 감당하지는 못할 것이다. 아직 어린이이기 때문이다. 제때 치유받지 못한 마음의 상처는 어른이 되어도 쉬 아물지 않는다. 나만 해도 그렇다. 생각하면 아직도 가슴 한편이 욱신거리는 슬픈 기억들은 물에 녹지 않는 녹차가루처럼 내가 흔들릴 때마다 떠오른다. 디지털 시대의 영민한 아이들이라고 해서 왜 그런 일들을 겪지 않겠는가. 거짓말하지 말고, 초록불에 손 들고 길 건너라는 말을 그대로 따르는 어린이들은 항암치료도 그렇게 받는다. 하라는 대로 곧이 한다. 그 시간을 견디며 얼마나 많은 상처가 이 아이들의 마음에 남게 될지 생각하면 아찔하다. 별들이 일제히 빛을 잃는 광경을 지켜만 봐야 하는 심정이다.

그래서 소아암 환자들에게 교육권은 더욱 절실하다. 치료를 받는 동안에도 기분 좋은 일을 겪고, 스스로 계획을 세우고 실행하며 성취감을 느끼는 경험이 꼭 필요하다. 나는 성장하고 있고, 잘하고 있으며 앞으로도 잘할 수 있을 거라는 자신감을 갖게 될 때, 아이들은 비로소 행복하다고 느낄 것이다. 『어린이라는 세계』를 따뜻하게 탐색한 김소영 작가도 말했듯 "어린이는 정치적인 존재"다. 한정된 교육예산과 자원을 누구에게 어떻게 분배할 것인가도 분명 정치적 문제다. 우리 정치는 어린이들, 특히 아픈 어린이들에게 어떤 메시지를 전하고 있을까. 메시지의 수신인이라고 생각은 하고 있을까. 소아암 환자들의 교육권 문제는 부당한 상황을 개선하라는 요구에

그치지 않는다. 더 나은 내일, 즉 미래 세대의 일상을 개선하기
위한 장기과제를 제시한다는 점에서 가장 정치적이다.

1990년대부터 지금까지 소아암을 치료받고 장기 생존한
암 경험자는 약 3만 명이라고 한다. 결코 적지 않으며 점차 더
늘어날 것이다. 그러나 암 생존자에 대한 이 사회의 냉대와
편견은 여전히 지독하다. 과거에 소아암을 앓았다는 이유로
취업에 곤란을 겪을 뿐 아니라 연애와 결혼도 쉽지 않을 것이다.
암에 걸렸던 사람을 새 가족으로 흔쾌히 받아줄 이들이 얼마나
되겠는가. 완치의 기쁨도 잠시, 정상적인 사회구성원으로
돌아가기가 매우 어려운 것이다. 일단 치료가 끝난 후의 삶은
온전히 환자 본인, 혹은 보호자의 몫이다. 기본적으로 이차암과
재발, 다른 만성질환, 오랜 부작용 등 소아암 생존자들의
건강상태를 추적하고 관리하는 시스템 자체가 아직 없다.
그렇다면 적어도 치료 기간만이라도 소아암 환자들의 교육을 더
적극적으로 지원해야 한다. 어린이들이 치료 중에도 행복하고,
치료 후에는 더 행복할 수 있도록, 다시 학교로 돌아가 다른
아이들처럼 언젠가 홀로 서는 법을 배울 수 있도록 지금의
교육환경은 반드시 개선되어야 한다.

약과 독

항암이 계속되자 부작용도 따라왔다. 힘들어하는 아이에게
부작용이 무엇인지 설명하기가 쉽지 않았다. 말을 빨리
배우고 새로운 어휘를 자기 것으로 만드는 데 익숙한 윤이는

부작용이라는 단어를 부러 자주 사용했다. 제 몸에 일어나는 변화가 그만큼 낯설었던 모양이다. '부작용'이라는 새 단어 외에는 표현할 도리가 없는 급격한 변화였다.

항암치료가 시작된 지 2주쯤 지났을까, 아이가 손빗으로 머리를 쓸어내자 손가락에 머리가 한 움큼 걸려 나왔다. 가슴이 철렁했다. 아이 앞에서 내색은 안 했지만 너무 당혹스러웠다. 이후 머리가 완전히 다 빠지게 될 때까지 제법 시간이 걸렸지만 처음 머리가 빠졌던 순간의 아찔함은 도저히 잊혀지지 않는다. 그러나 탈모는 적어도 물리적 고통은 없으니 그나마 나은 편이었다.

무균실에서의 관해치료를 마친 후, 두 번째 항암에 들어서면서부터 부작용이 확 심해졌다. 이 부작용은 항암 회차가 거듭날수록 잦아들기는커녕 더 심해졌고, 구체적인 증상도 점점 다양해졌다. 특히 구토와 오심 증상이 아이를 종일 괴롭혔다. 스테로이드의 영향으로 급격히 식욕이 올랐던 관해치료 때와 달리 아무것도 먹질 못했다. 먹은 것이 없는데도 구토는 계속됐고 물 한 모금만 마셔도 모조리 토해냈다. 더 이상 게워낼 것이 없으니 위액이나 쓸개즙까지 올라왔고, 구역질을 할 때면 작은 몸이 바들바들 떨렸다. 가만히 있어도 어지럽고 속이 메슥거려 누워 있는 것 말고는 아무것도 할 수 없었다. 한 자세로 가만히 누워 있지도 못했다. 병원 복도에 밥차만 지나가도 욕지기가 솟는다 했다. 아이의 토하는 얼굴을 마주하고 비닐봉투를 입가에 대주고 있으면 지독한 무력감에 사로잡혔다. 나는 임신 초기에 입덧도 심하게 겪어봤고 과음으로 지독한 술병에도 자주 시달려봤으니 할 수만 있다면 내가 대신 겪고 싶었다. 암에 대한 경험이나 지식이 일천한 나는 아이의 고통을 그런 식으로밖에 이해할 수 없었다. 고형암 환아들의 엄마는 더욱 힘들다고 했다. 소위 암성통증, 종양이 발생한 부위에 발생하는 격한 통증으로 괴로워하는 아이를 어떤 말로 달래줘야 하는지 정말 모르겠다고들 했다.

윤이를 괴롭힌 약들은 모두 세포독성항암제였다. 암세포처럼 빠르게 분열하고 증식하는 세포를 타깃으로 해 죽이는 약이다 보니 머리카락, 입안 점막 등 다른 정상 세포까지 함께 사멸시킨다. 또한 위에서는 세포독성항암제에 함유된 독성을 감지하고는 열심히 구토를 해서 독을 게워내려고 한다. 모두 인간의 신체에 깊이 각인된 생존본능이다. 16세기의 의사 파라셀수스의 말처럼 "모든 독은 위장된 약"일 수 있다. 그리고 백혈병 치료의 표준 프로토콜에 따라 윤이에게 투여되는 대다수의 세포독성항암제는 실제 독이다. 시타라빈, 프레드니손, 아스파라기나아제, 아드리아마이신, 빈크리스틴, 6-메르캅토퓨린, 메토트랙세이트, 에토포사이드 전부 그렇다.

싯다르타 무케르지의 『암: 만병의 황제의 역사』에 따르면 6-메르캅토퓨린(6MP)은 화학전에 쓰이던 독성물질에서 출발한 약이다. 지독한 독성 때문에 버려졌던 위험한 분자가 거듭된 연구 끝에 효과적인 항암제로 탄생한 것이다. 1950년대 초 급성림프모구성 백혈병 환자들을 대상으로 임상실험을 시작한 이 약물은 70년이 지난 지금까지도 여전히 핵심 약제로 사용되고 있다. 지나친 독성으로 사장될 뻔했던 이 연구를 되살린 것은 2차 세계대전 당시 나치의 폭탄 투하로 유포된 독성 머스터드

가스였다고 한다. 폭격 피해자들의 백혈구가 전멸하고 골수가 초토화된 것을 발견하고 질소 머스터드를 항암제로 전용하는 방안을 모색한 것이다. 그리고 이 질소 머스터드의 사촌격인 약물로는 사이톡산이 있다. 역시 윤이에게 빈번히 투여되는 핵심 항암제 중 하나다.

빈크리스틴도 독이다. 예쁜 생김새에 주위에서 흔히 볼 수 있는 풀, 일일초로 만들어졌다. 일일초는 다량 섭취 시 구토와 전신마비를 일으킬 수 있는 독성을 가졌다. 구식 추리소설에나 나올 법한 이 꽃의 독성, 식물성 알칼로이드에 착안해 만들어진 약이 빈크리스틴이다. 강한 독성은 종종 치명적 사고로 이어지기도 한다. 반드시 정맥주사를 통해 투여되어야 하는 빈크리스틴이 실수로 척수에 주입되면 상반신 마비 등의 증상을 겪다 곧 사망하고 만다. 10여 년 전 종현이 사건으로 널리 알려진 빈크리스틴 투약 오류 사고는 환자안전법안의 탄생으로 이어졌다.

색깔부터가 위협적인 핏빛의 아드리아마이신은 심장에 손상을 줄 수 있다는 것을 알면서도 사용하는 화학물질이다. 주목나무에서 추출한 천연성분인 빨간색의 택솔이 독성을 띠는 동시에 항암효과를 지닌다. 에토포사이드 역시 해발 4천 미터에서 자란다는 유독식물 포도필룸에서 얻었다.

3중음성 유방암에 걸려 치료하는 과정을 책으로 남긴 앤 보이어는 저서 『언다잉』에서 아드리아마이신을 투여받은 경험을 두고 "세포들을 완전히 말살해버린다는 점에서 종양이 야기하는 최종적인 결과를 보여주는 듯하다"고 토로한다. 동시에 아드리아마이신은 앤 보이어를 묘하게 안심시킨다. 아주 오래

전부터 쓰인 약이기 때문에 수전 손택을 비롯한 "많은 암 환자가 각자의 필요와 무관하게 하나의 의례적 행위로 받아들여야 했던 수십 년 역사의 오래된 의식을 치르는" 느낌을 주기 때문이다.

항암제가 독하다는 말은 자주 들었지만 정말 독일 줄 몰랐다. 이렇게까지 공격적으로 약을 써야 하는 것인지도 미처 몰랐다. 암 생존자들이 다시 항암치료를 받을 자신이 없다는 고백에 비로소 공감했다. 치료라고 하면 응당 잘 먹고, 잘 자는 섭생 관리로만 이해했는데 자지도, 먹지도 못하며 끝없이 증식하는 암과 장기전을 벌여야 하는 것이 윤이가 해야 할 치료였다. 병의 위중함이 절실하게 다가왔다. 윤이는 그렇게 하루하루를 힘겹게 밀어내며 앞으로 나아갔다. 밤새 구토와 불면으로 사투를 벌이고 아침을 맞으면 조금 나아지는 듯했지만 의료진이 업무를 시작하는 동시에 고통도 재개됐다. 발병 전, 병으로 겪었던 고통보다 병을 치료하기 위해 겪는 고통이 몇 배나 컸다.

대중매체에서 백혈병은 핏기 없는 피부, 빠진 머리를 감추기 위한 비니 모자로 흔히 묘사된다. 항암치료가 불러온 진짜 부작용, 병상에서 겪는 날것의 고통은 삭제되거나 숨겨진다. 때때로 백혈병은 축복받지 못하는 사랑, 가능성이 낮은 금메달 등 주인공이 성취해야 할 목표를 방해하는 장애물로 딱 서사에 필요한 만큼만 인용된다. 당연히 현실은 그렇지 않다. 유방암과 싸우던 수전 손택은 『은유로서의 질병』에서 암이 공포를 은유한다고 했다. 암과의 싸움은 곧잘 전투에 비유되지만 패색이 짙은 상황에서나 그렇다. 암은 도저히 퇴치할 방법이

없는 끈질긴 악(惡)이다. 아직도 종종 듣곤 하는 '암 걸릴 것
같다'는 무례한 표현은 더 말할 것도 없다. 암은 공포다. 그
공포는 불치병이 초래한 죽음에 대한 공포인 동시에 치료과정에
수반되는 끔찍한 고통에 대한 공포다.

공부도 잘하고,
인성도 좋으려면

소아청소년과 전공의 미달 사태로 온 나라가 들썩이기 전부터
여기 엄마들은 다 알고 있었다. 이 나라에서 아픈 '아이'를
치료한다는 것이 얼마나 힘든 일인지를. 동네 상가마다 소아과가
있던 80-90년대의 풍경까지는 기대하지 않지만 요즘은 서울
수도권에서도 아이를 데리고 병원을 가는 일이 그리 간단치
않다. 감기약을 처방받거나 예방접종, 영유아건강검진을 할
수 있는 병원만 하더라도 대기시간이 상당해 부모 중 하나는
꼼짝없이 휴가를 내야 한다. 더 큰 문제는 아이 증상이 동네
병원에서 해결할 수 있는 수준을 넘어섰을 때다. 큰 병원에
가보라거나, 얼른 서울로 가보셔야 한다는 말이 나오는 순간,
국가의 위기는 내 몫이 된다.
    소아청소년과의 위기는 한 발 앞서 이 사회에 충격을 던졌던
아산병원 간호사 뇌출혈 사망사건과 본질적으로 다르지 않다.
개두술을 할 수 있는 뇌혈관 분야 역시 소아청소년과만큼이나
전공의들에게 기피 분야다. 꼭 필요한 의사들이 최소한으로도
유지되지 않는 이 상황은 진작 국가가 팔을 걷어붙이고

165

해결했어야 하는 문제다. 이를 위해 일부 의사들의 주장처럼 관련 수가만 올리면 해결될까? 그럴 리 없다. 연봉을 많이 주는 대형병원의 소아청소년과 전공의는 늘어날지 몰라도 지방병원에는 여전히 의사가 부족할 것이다. 2022년 국정감사에 따르면, 인구 천 명당 활동의사 수가 서울은 3.37명인 데 비해(OECD 평균은 3.7명) 경북은 1.38명이다. 지역별 의료 격차는 이미 심각한 수준이다. 백혈병에 걸린 아이들은 열이 38도가 넘는 순간, 들쳐 업고 일단 응급실로 달려가야 한다. 진돗개 하나 발령이다. 이럴 때마다 지방에 사는 보호자들은 번번이 사설 응급차를 타고 몇 시간씩 애태우며 상경한다. 소아청소년 진료 수가를 파격적으로 200퍼센트, 300퍼센트 가산하면 자연히 병원이 의사를 더 많이 고용할 수 있으니 이 불균형이 해결될 것이라는 발상은 너무 순진하다. 전체 환자가 늘지 않는데 수가만 올린다고 의사가 늘어날까? 지방의 소아암 환자와 보호자도 안심하고 살던 곳에서 치료받을 수 있으려면 지방소멸과 인구절벽 문제부터 해결해야 한다.

여러 차례 검증된바, 단순히 수가만 인상하는 것은 약효가 없다. 이미 정부는 2009년에 전공의 기피 현상을 해소하고자 흉부외과 100퍼센트. 외과 30퍼센트로 수가를 가산했다. 다음 해에는 산부인과 분만 수가도 올렸다. 하지만 시행 후 3년, 4년이 지나도 전공의 충원율은 고작 10~20퍼센트 오르는 데 그쳤고 심지어 산부인과는 더 떨어졌다. 무너지는 출산율과 지방소멸의 현실을 타개하지 않고서는 근본적으로 해결하기 어려운 문제인 것이다. 무엇보다 건강보험 재정은 늘지 않는데 필수의료 수가만

한없이 올릴 수도 없는 노릇이다. 결국 전 국민의 건강보험료 인상이 불가피하다. 그 재원으로 공공병원을 늘리고 중증환자를 다룰 필수의료 인력도 확충해야 한다. 공공재원을 충원하겠다며 건보료를 더 걷어가더니 정작 공공의료의 서비스 질만 떨어진다면 누가 기꺼이 세금을 내겠는가. 지금도 문제가 많은 실비보험만 기승을 부릴 것이다.

의사단체는 전체 의사 수가 부족한 것이 아니라 필수 분야의 전문의가 부족한 것이므로 의사 수 증원은 대안이 아니라고 한결같이 주장해왔다. 하지만 따지고 보면 한국에 의사가 그리 많은 것도 아니다. 2020년 한국의 의대 졸업자는 10만 명당 7.2명, OECD 평균인 13.2명의 절반 수준이다. 더구나 필수의료 영역의 전문의, 그러니까 종합병원에서 소아암 환자들을 치료하거나 개두술을 시행할 수 있는 전문의가 되려면 인턴 1년, 레지던트 3~4년, 그 이후의 펠로 과정까지 적어도 10년이 더 필요하다. 지금 의대 정원을 늘리지 않는다면 10년, 20년 후에도 환자들만 발을 동동 구를 것이다. 모수를 늘리지 않고도 수가만 인상하면 필수의료 인력을 확충할 수 있다는 주장은 그래서 공허하다. 다른 데는 그대로 두고 뱃살만 쏙 빼준다는 다이어트약 광고 같다. 의사 증원도 안 된다, 간호사가 의사 일을 일부 대신하는 것도 안 된다, 전공의 노동시간은 법적으로 더 규제해야 한다고 목소리를 높이려면 수가 인상 외의 합리적인 대안을 함께 제시해야 한다. 의사들의 주장처럼 적어도 비급여 항목 수준으로 현 수가를 인상해야 한다면 지금껏 처치해왔던 비급여 항목의 가격을 먼저 소상하게 공개하고, 그 수준이 적정한지에 대한 외부 검토도 피하지 말라는 것이다.

몸이 편하고 기대수입이 높아서 인기가 많다는 피부과, 성형외과는 동네마다 필요 이상으로 많은데 왜 외과나 소아청소년과 전문의는 이토록 만나기가 어려운 걸까? 내가 가끔 리프팅을 받으러 가는 프랜차이즈 병원은 날 환자가 아닌 고객님이라고 부른다. 그나마 의사를 만나 직접 시술을 받는 시간은 10분 안쪽이고, 나머지 40여 분은 간호조무사나 다른 직원들에게 시술 전후로 피부관리 등을 받는다. 이런 병원들은 피부과 전문의의 황금 같은 시간을 1분 1초도 허투루 쓰지 않겠다는 결연한 의지로 인간(환자)을 대상으로 한 포드주의를 완벽하게 구현한다. 피부관리는 개별 고객의 피부 타입과 관계없이 지불 금액에 따라 표준화되어 있고, 컨베이어 벨트에 가까운 병원 내부구조는 쉴 새 없이 고객을 순환시키며 일종의 자동화 시스템을 완성한다.

기기의 원리는 도저히 알 수 없지만 병원에서 시키는 대로 손에 고주파 봉을 쥐고 얌전히 누워 있을 때마다 생각한다. 친절하고 좋은 향도 나는 저 원장님은 대체 하루에 몇 명의 환자를, 아니 고객을 받을까. 우리 윤이도 의사가 되면, 그것도 피부과 의사가 되면 저렇게 돈을 많이 벌겠지. 그러면 나도 피부관리만큼은 걱정이 없을 텐데. 문제는 나뿐 아니라 대한민국 사람이라면 대다수가 이런 생각을 하게 된다는 것이다. 이렇듯 특정한 라이선스 취득 후의 소득이 다른 어떤 직업군보다 압도적으로 높고 안정적이기 때문에 의대 정원 증원과 비대면 진료를 필사적으로 거부하는 의사들의 반발은 자연히 지대추구로 읽힐 수밖에 없다. 사실 지금까지 의사를 제외한 모든 전문직, 변호사, 회계사, 감정평가사, 기능사 등이 정원을 늘리고 서비스 질을 강화하라는 시대의 요구에 동의했다. 하지만 2006년 이후 지금까지 의대 정원은 3,058명으로 동결돼 있고, 전국의 상위권 수험생들은 이 3,058명에 들기 위해 눈 가린 경주마처럼 질주한다. 의대는 다시 대학병원과 연계된 메이저 의대, 인서울 의대, 인기과 편성이 많은 의대 순으로 서열이 매겨지고, 전국의 모든 의대, 치대, 한의대, 약대, 수의대 다음에야 SKY를 필두로 한 전통의 리스트가 뒤따른다.

그러다 보니 의대 합격은 아이 혼자 공부 열심히 한다고 될 일이 아니다. 강남의 유명 자사고는 한 해에 150명씩 의대에 진학시킨다. 강남에 살지 않더라도 영어유치원-사립초-국제중-자사고-특목고 코스에서 이탈하지 않고 최고의 성적을 유지하며, 모든 면에서 완벽하다고 입학사정관에게 평가받는 학생들이 3,058명 안에 들 수 있다. 오직 의대에 가기 위해 재수, 삼수를 마다 않는 N수생을 고려하면 학교생활 중 단 한 번의 실수나 시행착오, 일탈도 허락되지 않는다. 공부 습관과 선행학습을 위해 학원가에는 초등 의대반까지 속속 개설되고 있다. 요즘의 의대 합격생들은 어찌 보면 누구보다 착한 학생들일지 모른다. 부모와 선생의 말을 거스르지 않고 12년 내내 압박감과 싸우며 마침내 입시전쟁에서 최고의 성취를 이뤄낸 학생들이다. 이런 학생들에게 소아청소년과 등 기피과를 기꺼이 선택하라고 누가 강권할 수 있을까. 너는 공부도 잘하지만 인성까지 훌륭해야 한다고 다그칠 수 있는 자격은 누구에게 있을까.

의사 수 증원을 반대하는 현직 의사뿐 아니라 자녀를 의대에

진학시키기 위해 엄청난 자원을 투자하고 있는 우리 모두가
고민해봐야 할 문제다. 의대 진학을 위해 전국에서 투여하고
있는 이 많은 시간과 노력, 비용이 결국 미용시술과 피부관리의
대중화라는 얄팍한 성과로만 이어지는 건 너무 허무하다. 이보다
비생산적일 수 없다. 의대에 진학한 모두가 슈바이처나 장기려가
될 수는 없고 그럴 필요도 없다. 다만 우리는 타인의 고통에
진정으로 공감할 수 있는 의사를 국가 전체의 차원에서 어떻게
육성할 것인가를 먼저 고민해야 한다. 수가를 얼마나 인상할지,
의대 정원을 얼마나 늘릴지만 쟁점으로 삼지 말고 아픈 사람의
고통을 보는 법을 어떻게 알려줄 것인지, 가난한 사람이 더 자주
아프고 그래서 더 가난해지는 시대에 의사의 역할에 대한 사회적
합의는 어떻게 만들 것인지에도 주목하자는 것이다. 의사라는
직업은 결국 사람의 생명을 다루는 일이고 의료서비스는 모든
사람에게 차별 없이 제공되어야 하기 때문이다.

　　이제는 우리 사회가 공감하는 법을 익히고 실천하면 좋겠다.
레슬리 제이미슨이『공감연습』에서 말한 것처럼 공감은 내가
상대에 대해 아무 것도 모른다는 것을 인정하는 데서 시작한다.
이어 상대의 이야기에 귀 기울이고 상대가 고통에서 회복하기를
기원한다고 표현하는 것으로 완성된다. 그래서 공감은 아주
신중하게 상상력을 발휘해야 하는 일이다. 아픈 이를 돌보고
치료하는 의사뿐 아니라 모든 이에게 공감은 필수 덕목이다.
아픔은 질병에서만 기인하지 않고 가난과 폭력, 소외, 재난 등
다양한 계기로 파생되며, 당사자와 주변 사람들에게 저마다의
상처를 남기기 때문이다. 공감은 사회적 합의를 이루는 데

발생하는 갈등의 비용을 줄이고, 합리적 선택을 위해 치러야
하는 기회비용을 최소화함으로써 이 사회에 세금만큼이나
이익을 가져다줄 것이다. 눈에 보이지 않을지라도 공감의 경제는
무한하게 확장될 수 있다는 점에서 더욱 유용하다.

병명: 암,
치료법: 없음

2022년 노벨화학상 수상자로 캐롤린 버토지, 모르텐 멜달,
배리 샤플리스가 발표되자 언론은 "암세포만 죽이는 항암제의
근간", "암 표적 찾는 신약에 기여" 등으로 앞다퉈 이들을
소개했다. 서로 다른 분자를 간단하게 결합시켜 새로운 분자
화합물을 만들어내는 일명 클릭 화학(Click chemistry) 분야의
선구자라는데 이보다는 수상자들을 암 정복의 개척자 대열에
합류시키는 것이 성과를 알리기에 더 좋은 방법이었을 것이다.
그리 낯설지 않은 장면이다. 지금껏 현대의학의 성취는
대개 난치병, 그중 발병률이 가장 높은 암 치료에 얼마나
혁신적으로 기여하는지를 기준으로 평가받아왔다. 이제
사람들은 현대의학으로 못 고치는 병은 거의 없고, 암 정복도
머지않았다고 생각한다. 나도 그랬다. 그러나 사실 선도적으로
이뤄지는 과학적 성취가 실제 암 병동에서 표준 치료법으로
사용되기까지의 시차는 어마어마하게 크다. 사람들이 기대하는
것처럼 암 치료의 획기적 전기는 쉽사리 마련되지 않는다.
수많은 의과학자들의 부단한 노력과 집요한 도전이 오랜 시간

쌓이고 길을 내며 조금씩 전진한다.

사실 백혈병은 현대의학의 수혜를 듬뿍 받은 암 중 하나다. 유전자 전체에 비교적 돌연변이가 적은 암종이기 때문에 세포독성 항암치료에도 다른 어떤 암보다 큰 효과를 보였고, 표적항암제도 일찍 만들어졌다. 물론 백혈병 역시 싯다르타 무케르지가 『암: 만병의 황제의 역사』에서 추적한 것처럼 혼란과 절망을 거듭하고 비틀거리며 전진했다. 1845년, 존 베넷이 처음으로 백혈병을 주목하며 피가 곪은 것(A suppuration of blood)이라 하자 같은 해에 루돌프 피르호는 그게 아니라 피 자체가 비정상적인 것이라며 바이세스 블루트(weisess Blut, 백혈[白血])라는 병명을 처음으로 고안했다. 이후 흰색을 뜻하는 그리스어 레우코스(leukos)에서 따온 루케미아(leukemia), 백혈병이라는 병명을 붙였다.

2차 세계대전의 여파로 전 세계가 초토화된 와중에 미국의 시드니 파버는 보스톤 어린이 병원에서 백혈병에 걸린 아이들을 치료할 화학물질을 찾는데 인생을 바쳤다. 암 종양을 수술로 잘라내고, 엑스선으로 파괴하던 기존의 두 가지 방식 외에 새로운 치료법, 우리가 항암치료라 부르는 화학요법을 탄생시킨 것이다. 이어 에밀 프레이, 하워드 스키퍼 같은 미국 국립암연구소의 연구자들이 항암제의 내성을 막기 위한 약물조합을 연구하며 복합 화학요법 프로토콜을 만들어갔다. 도널드 핑컬은 고용량 복합 화학요법을 극단으로 밀어붙이며 고질적 문제였던 재발률을 획기적으로 줄였다.

그리고 마침내 1976년, 헤럴드 바머스와 마이클 비숍이
암의 다빈치 코드를 풀었다(당연히 이들도 노벨생리학·의학상을
받았다). 암을 일으키는 유전자가 외부에서 온 것이 아니라 우리
몸의 정상 세포에 원래 존재하며 돌연변이로 이것이 활성화될
때 발병한다는 사실을 발견한 것이다. 한평생 담배라고는
피워본 적 없는 사람이 폐암에 걸리는 이유도 여기에 있다.
흡연자나 비흡연자나 세포에 똑같이 암 유발 유전자를 가지고
있기 때문이다. 뒤이어 로버트 와인버그는 2만 개의 유전자
중 암을 일으키는 바로 그 일그러진 유전자를 찾아 분리했다.
이제 과학자들은 인간 유전자 전체의 서열을 해독했고, 거의
모든 종류의 암세포에 대한 유전자 지도를 완성했다. 각 암의
돌연변이가 어디서 어떻게 발생하는지 파악해 맞춤형 치료법을
개발할 뿐 아니라 특정암의 발병도 예측할 수 있게 된 것이다.
실로 경이로운 발전이다.

기원전 2625년경 이집트의 재상이자 의사였던 이모텝이
남겨둔 파피루스에도 암에 대한 기록이 있었다. 환자의 유방에서
튀어나온 낯선 덩어리를 발견한 이모텝은 치료법이라는 항목에
단 한 단어만 적어두었다. "없음". 19세기 외과의 존 헌터는
일부 제거가 불가능하고 막연히 퍼지는 종양, 즉 암의 치료법은
"막연한 동정심"뿐이라고 했다. 문명이 태동할 때부터 지금까지
암은 늘 천형이었다. 영상의학의 발전으로 드디어 정체를 드러낸
악성종양, 암의 얼굴은 지극히 혐오스럽다. 주변 혈관과 조직으로
순식간에 퍼져나가는 모습은 탐욕스러운 괴물의 형상이다.
그러나 무엇보다 암이 무서운 것은 우리 자신과 너무 닮아

있기 때문이다. 정상적으로 성장하는 세포나 조직과 꼭 같은 방식으로 암은 자신의 세를 키운다. 해럴드 바머스와 마이클 비숍이 찾아낸 원발암유전자는 우리 몸의 불청객이나 외부자가 아니다. 우리가 살아가는 데 꼭 필요한 기능을 수행하는 유전자들에 변이가 발생하며 암세포로 형질을 바꾸는 것이다. 우리 몸의 정상 면역세포가 염증이 발생한 부위로 이동하는 것과 정확히 같은 원리로 암세포도 체내에서 빠르게 이동한다. 상처를 치유하기 위해 새 혈관이 생겨나는 것처럼 암세포도 혈관을 만들어 번식한다. 정상적으로 죽었어야 하는 세포들을 죽지 못하게 해 불멸하는 암세포는 무한하다는 점에서 인간의 욕망을 닮았다. 랜덤으로 생겨난 불완전한 유전자가 종횡무진 우리 몸을 누비며 자신의 영역을 확장하는 동안 우리는 그저 무방비다. 내 안에 있는 것으로부터 내가 도망갈 수도 없거니와 나와 내가 대결 구도로 작정하고 맞붙는 것도 불가하다. 암은 타자가 아니다. 우리 몸 내부의 반란에 가깝다. 내가 몰랐던 나를 발견하게 되는 기분은 묘하고 공포스러우며 배신감을 준다.

　게다가 암은 책임 소재를 따지기도 어렵다. 일단 전염병이 아니며 고지혈증이나 2형 당뇨병처럼 불량한 식습관이나 음주, 비만 등과 뚜렷한 인과관계가 성립되지도 않는다. 화학적 발암물질이나 방사선 등 명확한 일부 요인을 제외하면 돌연변이는 정말 돌연히 발생한다. 앤 보이어는 이를 두고 "암의 매력이라고 한다면 그건 암이 전염보다는 확률의 질병이라는 점"이며, "암 환자는 본인이 암을 앓고 있기에 상대방은 암을 앓을 필요가 없게 해주는 존재로 간주될 수 있다"고 냉소했다.

　암은 진정 '만병의 황제'다. 암 치료를 향한 유난히도

길고 긴 여정이 반증한다. 아직도 소아암과 싸우다 부모보다
먼저 떠나는 아이들이 있다. 아마 윤이도 할머니 세대에
태어났더라면 살아남지 못했을 것이다. 1950년대 한국에서는
소아 급성림프모구성 백혈병 환자를 살릴 수 없었다. 생존률
0퍼센트의 불치병이었다. 하지만 불과 20-30년 만에 생존률은
약 80퍼센트로 수직상승했다. 새로 개발된 항암제의 효과가
가장 극적으로 발현된 암이기도 했고, 병 자체에 대한 생물학적
규명이 이뤄지면서 예후인자를 밝혀내고 그에 맞는 치료법을
지속 개발해온 덕분이다. 현대의학은 반드시 길을 낸다. 아무리
봐도 지날 수 없을 것 같았던 협곡을 헤치고 가파른 절벽을
기어올라 미지를 개척한다. 후속 세대를 위해 지도를 그린다.
그래서 더 많은 이들이 그 뒤를 기꺼이 잇고, 넓고 평평한 길로
만들어낸다. 사실 모든 인류의 역사가 그렇다.

　　우리나라만 해도 215만 명에 달하는 암 환자와 그들을
돌보는 보호자들을 버티게 하는 희망이 바로 여기에 있다.
불사를 향한 인류의 욕망을 연료 삼아 앞으로만 가동되는
현대의학에 구원을 기대하는 것이다. 무신론이 지적 표준이 된
시대, 낙관조차 거절당한 이들이 내릴 수 있는 가장 합리적인
결론이다. 1971년, 닉슨이 선포한 암과의 전쟁은 사실상
패배했다는 평이 많았지만 당시 미국이 쏟았던 엄청난 자원과
노력은 이후 에이즈 치료의 전기를 마련하는 결실을 낳았다.
후속 세대 연구자들이 원발암유전자를 규명하는 데 중계 역할을
했음은 말할 것도 없다.
　　중병에 걸린 국민의 건강과 생명을 국가가 책임지겠다는

방향은 당연히 옳다. 한국 역시 암 치료 효율을 높이고 난치암에 대한 연구와 투자를 아끼지 않는 국가적 차원의 암 관리를 더욱 강화해야 한다. 암을 국가적 관리의 대상이 아닌 불운한 극소수에게 닥치는 재난으로 여기는 사회 분위기 때문인지 잘 알려지지 않았지만 이미 서울은 전 세계에서 신약 임상시험을 가장 많이 하는 도시다. 2018년부터 지금껏 1위를 놓친 적이 없다. 그중에서도 가장 활발한 분야는 단연 항암제다. 서울이 세계 1위 임상시험 도시가 된 것은 한국이 인구 대비 임상시험 수행 건수 자체가 압도적으로 많은데다 임상시험을 수행할 수 있는 대형병원이 90퍼센트 가까이 서울에 몰려 있기 때문이다. 사실 한국은 신약에 대한 접근성이 굉장히 낮다. 언론에 보도된 기적의 신약은 구하기도 어렵거니와 한 사이클에 천만 원 단위의 비용이 소요된다. 국민 모두가 혜택을 누려야 하는 건강보험의 특성상, 신약에 보험이 적용되기까지는 아무리 짧아도 1-2년의 심사 기간이 필요하다. 여명이 얼마 남지 않은 환자들로서는 임상시험에 기대를 걸어볼 수밖에 없다.

윤이가 아프고 난 후, 주위에서 신약 '킴리아' 뉴스 링크를 그렇게 보내주곤 했다. 단 한 번 투여로 완치가 가능하다는 백혈병 원샷 치료제 킴리아(티사젠렉류셀)는 세계 최초의 맞춤형 항암제다. 한국에는 2021년에 허가됐고, 당시 약가는 1회 투약 기준 3억 6천만 원이었다. 다행히 작년 4월, 건강보험급여가 적용되어 이제는 이식 후 재발 등 기준을 충족하는 환자에 한해 최대 598만 원만 부담하면 된다. 지인들은 킴리아가 있으니 절대 희망을 버리지 말라며 급여 적용을 받지 못하면 모금을 해서라도 약값을 마련하자고 응원해줬다. 평소 「생로병사의 비밀」 같은 다큐멘터리도 지루해하던 사람들이 CAR-T 치료제에 대한 기사를 꼼꼼히 읽어보고 검색했을 걸 생각하니 고마워 눈물이 핑 돌았다. 나와 남편 역시 만일의 경우 집을 내놓으면 그래도 아이를 살릴 방법이 있겠다며 적잖은 위안을 얻었다. 현대의학의 위상과 국가의 존립 이유(킴리아는 첨단재생바이오법 1호 약물이다)를 처음으로 체감한 순간이었다.

그러나 아직이다. 킴리아처럼 환자 목숨을 좌지우지할 신약은 앞으로도 계속 출시될 것이다. 현대의학의 영원한 임무다. 그럴 때마다 건강보험 급여 적용 기준을 두고 긴 논의와 불가피한 선택도 뒤따를 것이다. 한정된 재원을 누구에게, 어떤 순서로 사용할 것이냐, 달리 말해 국가는 누구를 먼저 살릴 것인지, 그 선택은 누구의 책임인지에 대한 질문이 남는다. 국가가 직접 신약 개발 및 연구에 나서지 않으면 끝없이 반복될 난제이자, 초고령화 시대와 맞물려 확대 재생산될 갈등이다. 무모해 보이더라도 한국 정부가 암과의 전쟁을 선포하고, 현행 건강보험을 개혁해 어디서든 암 걱정 없는 나라를 만드는 데 전력을 다해야 할 이유가 여기에 있다. 한참 논란이 됐던 MRI·초음파 검사 급여 제한이나 외국인 무임승차 방지책 등은 당연히 건강보험 개혁의 핵심이 아니다.

병원이라는
곳

이제 아이도 병원에 제법 적응했다고 생각했는데 아니었다.
링거를 달고도 민첩하게 침상 위를 오르내리던 윤이 모습만 보고
방심했었나 보다. 내내 잘 참던 윤이가 이제 항암을 안 하겠다고
소리를 질러댔다. 양팔에 주사를 맞아야 하는 균 배양검사가
화를 돋웠다. 환자가 이렇게 아픈데 항암만 하면 다냐고, 병원은
이상하다고 울었다. 일주일에 한 번씩 케모포트 바늘을 교체하는
것도, 쉴 새 없이 욕지기가 올라오는 것도 힘든데 또 주사를
놓는다니 억울했을 것이다. 아프지 않으려고 병원에 왔는데
막상 병원에 있으면 더 아프니 의아했을 것이다. 윤이 말이 맞다.
병원은 이상하다. 암을 치료하기 위해 항암제를 맞는다. 항암
부작용으로 변을 못 보면 변비약을, 오줌을 못 누면 이뇨제를,
열이 나면 해열제를 먹는다. 변을 또 너무 자주 봐도 약을 먹는다.
당시 윤이는 '이상한 병원'이라는 제목으로 시를 쓰기도 했다.

토하지 말라고
선생님이 스티커를 붙여주셨다
오른쪽 팔뚝에 붙인다고 하셨다

여기가 팔뚝이었어?
나는 어벅지인줄 알았다
아니면 어깨벅지

178

허리 바로 밑에 있는 데를
허벅지라고 하니까
여기는 어벅지같은데

병원에서는 어려운 말을 많이 쓴다
나는 구내염도 군해염인줄 알았다

병원에서는 보통의 언어가 잘 통하지 않는다. 환자의
말과 의사의 말은 각각의 이유로 현실성을 잃는다. 의사의 말,
의학의 언어는 법의 언어만큼이나 기술적이다. 최대한 쉽게
풀어 설명하려 하지만, 애초에 일반인을 대상으로 만든 말이
아니다. 시험을 보고 그 말을 따로 배운 사람들이 쓸 수 있는
말이다. 모든 전문직의 공통된 특징은 배타적인 세계에서
자신들만의 고유 언어를 쓴다는 점이다. 그 세계와 현실을 잇는
길은 안에서 바깥을 향한 일방통행로라 외부에서는 진입할 수
없다. 한편 환자의 말은 실패하기 쉬운 비유다. 암을 앓는 환자의
고통은 종류와 정도가 천차만별인데다 고통의 기본값 자체가
일반인들은 경험해보지 못한 영역에 속하기에 의미가 정확히
전달되지 않는다. 가령 항암제의 대표적인 부작용인 구토·오심
증상은 술을 잔뜩 먹고 단단히 술병이 난 상태에서 배멀미에
시달리는 기분이라고들 하는데 어린이나 술을 마시지 않는
이들에게는 가닿지 않는다.
　그래서 병원에서는 고통의 종류와 무관한 정량화 방식을
채택한다. 아프지 않은 0에서 견딜 수 없을 정도로 아픈 10까지
중 어느 정도의 고통인지 점수를 매겨보라는 것이다. 유방암

환자이기 전에 시인인 앤 보이어는 이를 거부하고 자신만의 언어로 고통을 표현했다. "인위적인 자극에 의해 생성된 혈구가 들어차 뼈가 확장될 때의 몹시 괴롭고 밀도높은 고통", "염증으로 열기가 오른 몸이 매트리스에 닿을 때의 푹신하고도 응집된 고통", "고통을 유발하는 약물이 퍼져 나갈 때 온몸이 서서히 타오르는 듯한 고통" 등이 있다.

　나치 수용소에서 살아남은 빅터 프랭클은 인간이라면 어떠한 상황에서라도 매순간 삶의 의미를 찾아야 한다며 사람이 "마지막까지 절대 빼앗길 수 없는 단 한 가지는 바로 주어진 상황에서 자신의 태도와 방식을 선택하는 자유뿐"이라고 했다. 하지만 이곳 병원에서 암 환자가 과연 무엇을 선택할 수 있을까? 현대의학의 암 치료 프로토콜인 항암요법은 환자에게 정언명령이다. 성경이고 코란이다. 병원은 생과 사 두 갈래 길밖에 없는 생명의 최전선인 동시에 인간성을 단번에 소거하는 곳이기도 하다. 그래서 암 병동은 거대한 부조리극의 무대가 된다.
　한편 너무 인간적이게도 병동에서는 가끔 똥냄새가 난다. 오물 처리실 근처나 거동이 불편한 환자가 있는 병실 옆을 지날 때 그렇다. 현대식 주거환경에서 꽁꽁 차폐해둔 그 냄새가 이곳에서는 아무렇지도 않게 난다. 품위나 체면, 위신 같은 개념은 오직 의사들의 소유다. 신호도 없이 갑자기 병상 커튼이 확 젖혀질 때, 복도 저 멀리에서 간호사가 오늘 똥 쌌냐고 큰 소리로 물을 때 환자의 존엄은 곤두박질친다. 사실 병원에서 환자는 한 명의 개인이 아니라 한 종의 병으로 보인다.

윤이나 준수, 제인이나 케빈이 아니라 급성림프모구성백혈병,
급성골수성백혈병, 수모세포종, 횡문근육종, 유잉육종,
골육종으로 존재한다. 윤이의 몸은 숫자로 조각조각 분절되고
형해화되어 떠다닌다. 차트에, 기계에, 데이터 안에 윤이가 있다.
윤이를 잃지 않으려 여기까지 왔는데, 막상 이곳에는 윤이가
없다. 부조리다. 물론 모든 부조리가 비극은 아니다. 현대의학에
노동은 있지만 마음이 없다는 것을 인식할 때 부조리는 비극이
된다. 그럴 때마다 병원을 서둘러 떠나야겠다고 다짐했다.

　　병원을 떠난다는 것은 치료의 끝, 암과의 결별을
의미하지만 윤이가 극복해야 할 것은 비단 이뿐만이 아니다.
병력은 본인과 가족에게 깊은 상처를 남겼다. 하나의 질병이
발견되고, 치료를 거쳐, 일단은 소실되기까지(병원은 완치라는
말을 쓰지 않는다) 환자 혼자 외롭게 겪었던 신체적 고통은
재발의 공포로 이어진다. 병원에서 숱하게 겪었던 망신스러운
순간들은 병원을 떠난 후에도 환자를 위축시킨다. 죽음의 문턱을
다녀왔다는 자기 비관은 자신의 정체성을 암 생존자로만 제한해
버리거나 암이 아닌 다른 고통에 둔감하게 만든다. 현대의학이
주목하지 않는 부작용들이다. 신경의학자 올리버 색스 역시
현대의학에서 말하는 병력에는 주체가 빠져 있다고 지적했다.
환자의 긴 병력은 질병과 맹렬하게 싸우는 개별적인 인간과
그 인간의 경험에 대해서는 전혀 서술하지 못한다고 말이다.
대신 그는 환자를 중심에 둔 긴 글을 썼고, 세상에서 가장 글을
잘 쓰는 의사가 되었다. 그가 '무엇'(병)이 아니라 '누구'(환자)에
주목하면서 하나의 '이야기'를 쓴 이유는 의사는 자연과학자가

아니기 때문이다. 우주에 단 하나뿐인 생명, 우리가 존엄이라 부르는 주체성을 가진 개체인 인간에 주목했기 때문이다.

그러므로 병원은 얼른 떠나는 것이 좋다. 환자보다는 병에 주목하고, 마음보다는 노동으로 지탱되는 이 실용적 공간은 목적 달성 외 다른 어떤 것도 생각할 여지를 주지 않는다. 영국의 호스피스 의사 레이첼 클라크는 저서 『아버지의 죽음 앞에서』에서 대학병원만큼 삭막한 공간은 없을 것이라며 미시간 대학병원의 사례를 소개한다. 실제 이 병원은 포드 자동차 공장을 여럿 설계한 유명 건축가 앨버트 칸이 지었는데 공장 조립라인의 매커니즘을 적용해 효율성과 생산성을 한껏 높였다고 한다. 결국 얼마간 존엄을 침해받더라도 최대한 빨리 생물학적 건강을 회복하는 것이 자신을 보호할 수 있는 가장 좋은 방법이다. 암 병동에서 암 환자가 선택할 수 있는 유일한 옵션이기도 하다. 이제 더 이상 아프지 않기 위해서 지금 조금 아파야 한다는 모순적인 말로 윤이를 겨우 달래 항암을 마쳤다. 아이가 지적했듯 역시 병원은 이상한 곳이고, 부조리극의 무대다. 아무리 서둘러 떠나도, 또 애써 잊으려 해도 여기 머물렀던 이들은 소실점이 소실된 듯 긴 복도와 비현실적으로 환한 병동 복도를 오랫동안 잊지 못할 것이다.

응급실에서
묻다

참 다행스럽게도 윤이는 집중치료 중에 큰 이벤트를 겪지

않았다. 갑작스러운 고열이나 이상증세로 응급실에 달려간 적이
없었다는 뜻이다. 그래서 다른 보호자들이 토로하는 응급실의
열악한 환경에 대해서 잘 알지 못했다. 물론 우리의 재난은 작년
6월 3일, 응급실에서 시작됐지만, 워낙 짧은 시간 머무르기도
했고 당일의 충격과 공포가 압도적이었던 탓인지 응급실이라는
공간 자체에 대해서는 이렇다 할 기억이 없었다. 그러던 중
가게 된 응급실이었다. 항암도 막바지에 이르러 집중치료를
딱 두 차례 남겨두고 있을 때였다. 늦은 저녁부터 미열이
나더니 자정이 가까워지자 아이 몸이 불덩이처럼 달아오르기
시작했다. 새벽 2시, 결국 아이를 들쳐업고 병원으로 향했다.
보건의료노조의 총파업이 막 끝난 때였고, 늘 환자가 많은
월요일에서 화요일로 넘어가는 밤이라 응급실에 들어갈 수나
있을지 걱정했는데 다행히 빠르게 자리를 잡을 수 있었다. 고열
외에는 특별한 증상이 없었지만 일단 각종 검사 결과가 나올
때까지 무작정 기다려야 했다. 꺼끌꺼끌한 일회용 부직포 시트가
씌워진 침상에 누워 아이는 쌕쌕 뜨거운 숨만 뱉어냈다. 열이
펄펄 끓는 와중에도 품에 꼭 안고 온 물범인형은 침대가 너무
좁아 아이 손에만 닿도록 가드 옆에 억지로 끼워넣었다. 낮보다
환한 한밤의 응급실에서 해열제와 항생제를 번갈아 맞으며
기다리는 동안, 윤이의 앞과 옆, 그 옆의 침상이 하나둘 채워졌다.

새벽이 밝아올 무렵, 다시 부산스럽게 문이 열리며 휠체어와
일군의 사람들이 들어왔다. 아주 연로하신 노인 한 분이
휠체어에 힘없이 앉아 있었다. 사실 앉아 있다기보다는 직각의
구조물에 뉘어져 있는 상태에 더 가까웠다. 점퍼에는 누런

토사물도 묻어 있었다. 간호사가 "보호자분, 보호자분" 소리 높여 외치지만 아무도 대답이 없다. 휠체어를 밀고 온 이송사원이 요양병원에서 혼자 오신 분이라고 했다. 잠시 우왕좌왕하더니 매뉴얼에 따라 노인에게도 침상이 하나 배정된다. 하얗고 작은 네모 칸에 주차하듯 환자가 자리를 잡자 의료진이 다가온다. 간호사는 채혈을 하고, 당직의는 증상을 묻는다. "할아버지, 오늘 어디가 아프셔서 오신 거예요?", "다 아파, 다.", 노인은 어제와 다른 오늘의 통증을 구분하지 못한다. 의사는 질문을 바꿔 다시 처치할 곳을 찾는다. 목소리를 키우고 또박또박 천천히 묻는다. "할아버지, 오늘 여기 왜 오신 거예요?", "죽을 것 같이 아파서 왔어." 노인은 고통의 원인 대신 정도를 알려준다. 오답도 우문도 아닌데 의사와 환자의 말은 갈 곳을 잃고 증발한다.

결국 의사는 다시 보호자를 찾는다. 하지만 보호자는 여전히 대답이 없다. 노인을 병원에 데리고 온 요양병원 야간 근무자는 자신이 일하는 시설에 입소한 환자에 대한 정보가 전혀 없다. 사실 근무자는 노인만 구급차에 태우고, 자신은 별도의 회사 차를 운전해 여기 왔기 때문에 구급차 안에서의 상황조차 모른다. 그저 가족이 곧 올 거라는 말만 되풀이했다. 침상을 배정받고 바코드가 찍힌 띠를 손목에 두르면 환자가 되는 줄 알았는데 아니었다. 보호자가 오기 전까지 노인은 아직 환자가 아니다. 곧 얼굴이 새파랗게 질린 중년의 딸이 왔다. 딸은 오자마자 아버지의 더러운 점퍼를 벗겨 깨끗한 환자복으로 갈아입히고, 입가의 침과 이마에 맺힌 땀을 물티슈로 닦아준다. 환자의 얼굴에 귀를 바짝 붙여 작은 말 하나도 놓치지 않고 큰 소리로 대답해준다. "아이고, 아버지, 신경쓰지 마셔, 구급차에

토해도 괜찮아요. 택시도 아니고 맨날 아픈 사람들이 타는
찬데 그거 치우라고 할까." 이날 이 노인에게 현대의학이 해준
것은 과연 무엇일까. 부정확한 언어와 모호한 증상, 보호자의
부재 앞에서 현대의학은 어떻게 처신하는가. 돌봄은 언제쯤
현대의학의 시민권을 획득할 수 있을까.

　　윤이와 발을 맞대고 있는 건너편 침상에는 아주 마른 여성이
조금 덜 마른 여성의 부축을 받으며 들어왔다. 흘깃 보니 내
또래라 궁금함을 참지 못하고 침상 앞에 부착된 환자 정보를
기어이 보고 말았다. 나보다 두 살 어리고 혈액형은 달랐다.
여자는 침상에 눕자마자 몸을 공처럼 조그맣게 말아 이불
안에 꼭꼭 숨겼다. 눕자마자 간호사들이 달려와 바로 링거를
달았는데도 여자는 자주 소리를 높여 의료진을 불렀다. 너무
아프다고 했고, 그들은 이미 충분한 양의 진통제가 들어가고
있다고 했다. '충분하다'. 고통을 참지 못하고 한밤에 암 병동
응급실을 찾은 환자에게는 과연 얼마만큼의 진통제가 허용되며,
그 기준을 정하는 자는 누구일까.
　　날이 밝자 주치의가 전공의들과 함께 환자를 찾아왔다.
마침 환자가 화장실에 가서 보호자만 침상을 지키고 있었다.
주치의는 개의치 않고 환자의 언니라는 보호자와 대화를
이어갔다. 지난 CT 촬영 판독 결과, 원발암 부위 주변뿐 아니라
뇌척수막에서까지 암이 보인다고 했다. 이제 항암치료는 의미가
없고, 통증 조절과 완화치료로 넘어갈 단계이니 우리 병원의
담당 부처에서 안내를 해줄 거라고 했다. 언니가 자꾸 "그런데,
그런데" 하며 의사의 말을 끊자 의사는 혹시 지금 이 상황이

아직 이해가 안 되냐고 친절하게 물었다. 이해를 못 하겠다고 하면 당신 동생의 여명이 얼마 안 남았으며 우리 병원에서는 더 할 수 있는 치료가 없다는 사실을 처음부터 차근차근 다시 설명할 기세였다. 언니는 이해를 못 하는 것이 아니었다. 귀를 쫑긋 세우지 않아도, 각종 알람음 속에서 뚝뚝 끊겨 들리는 대화만으로도 주변 침상 서너 개 반경에 있는 모든 어른이 이 상황을 순식간에 파악했다. 언니가 결국은 말을 맺었다. "그런데 동생이 치료를 더 받고 싶어 해요." 의사는 대답했다. "환자가 받고 싶어도 받을 수 있는 치료가 없습니다. 의미가 없어요." 환자가 돌아오고 의사는 떠났다. 과학이 예견한 죽음을 당사자에게 고지할 의무는 과연 누구에게 있을까. 눈부시게 발전하는 현대의학의 정확도는 이 경우, 불행일까, 다행일까.

어떻게든 살아남고자 가게 된 응급실에서 가장 많이 목도하는 것은 죽음의 가능성이다. 다양한 형태로 변주된 죽음이 환자와 보호자라는 관객을 앞에 두고 자신의 존재감을 과시한다. 믿을 건 역시 병원뿐이라 찾은 응급실에서 가장 먼저 체감하는 것은 현대의학의 비인간성이다. 의료진의 냉정한 태도를 탓하려는 것이 아니다. 어쩌면 의사들이야말로 가장 고통받는 자들일지 모른다. 매일같이 죽음을 코앞에서 지켜보는 목격자로서, 생사를 좌지우지하는 의료적 결정을 내려야 하는 주체로서 이상적인 의료윤리를 실천하기에는 한국의 의료환경이 너무 열악하다. 의료인류학자 송병기가 『각자도사 사회』에서 통렬하게 지적한 대로 한국사회에는 존엄한 죽음을 맞을 수 있는 공간이 어디에도 없다. 기계적인 연명의료만 지속하는 중환자실은 죽지 못해 산다는 말을 문자 그대로 절감하게 한다. 기저귀를 채우고, 밥과 반찬을 한데 으깨어 먹여주는 요양원과 요양병원은 나이가 들어가는 모든 이들에게 공포다. 오랜 질병과 가난으로 삶의 조건이 황폐해진 이들에게는 저자의 말처럼 집조차도 감옥이다.

우리가 현대의학에 물어야 할 것은 의료진의 온정과 자기성찰이 아니다. 질문 그 자체에 대해 물어야 한다. 질문을 독려하고 대화를 즐기며 반박을 환영하는 것이 철학의 가장 큰 덕목이라 한다면 오늘날 의학의 태도는 철학과 가장 거리가 멀다. 현대의학은 질문하지 않는다. 지금껏 쌓아온 데이터에 따라 진단하고, 수시로 업데이트되는 프로토콜에 따라 처치한다. 추구하는 가치는 단일하며 절대 의심받지 않는다. 생명. 유일무이한 이 가치를 위협하는 모든 것은 물리적(수술), 화학적(약물)으로 제거해야 한다. 근대적 이분법이 완벽히 지배하는 세계에서는 철학이 설 자리가 없고, 정치가 작동할 기회가 없다. 돌봄, 의료공백, 고가 신약 급여 등재, 건강보험 재정위기, 존엄사, 연명의료, 호스피스 등 수많은 난제가 그 안에서 길을 잃는다. 그렇다면 누가, 어떻게 물을 것인가. 법제도가 길을 터주는 수밖에 없다. 최소한의 규제와 재정 투입, 전문가주의라는 기존의 원격관리 방침을 넘어 국가가 의료 영역에 더 과감히 개입하고 균열을 내서 지금껏 소외된 이야기를 그 틈으로 흘려 넣어야 한다. 모든 사람은 늙고 현대의학의 자장 안에서 삶과 죽음을 관리받는다. 돈이 많지 않아도, 권력자가 아니어도, 잘난 자식이 없어도, 복을 타고나지 않아도 충분히 돌봄을 받으며 살고, 편안하게 죽을 수 있을 때 현대의학의 지위에 누구도 의심을 제기하지 않을 것이다.

문을 열며

인생을 살며 겪게 되는 고난을 흔히 터널에 비유하고는
한다. 칠흑 같은 어둠을 헤치고 나왔을 때 마침내 맞닥뜨릴
빛을 전제한 말이다. 그러나 재난은 터널이 아니다. 내 뜻대로
들어왔다 나갔다 할 수 없다. 입구를 미리 알리는 표지판도
없고, 얼마나 오래 걸릴지도 모른다. 사실 출구가 있기는 한
것인지도 확실치 않다. 모든 재난은 너무나 급작스럽게 찾아오고,
늘 예측을 빗나가며 전개된다. 작년 6월 3일, 우리 가족에게
찾아왔던 재난도 그렇다. 1년 3개월에 걸친 아이의 집중치료는
일단락되었지만 우리는 터널에서 나오지 못했다. 그렇다고
터널에 아직 갇혀 있는 것도 아니다.

세간의 통념과 달리 암의 완치라는 이상적 관념에 도달하는
것이 불가능하다는 것을 이제 나는 순순히 인정한다. 입퇴원을
열네 차례나 반복하며 진행한 고강도 항암이 끝났다 하더라도
암은 완전히 소멸하지 않는다. 아이 몸에서 필라델피아 염색체를
'발견'한 이래, 우리는 윤이의 일부이기도 한 이 염색체의 활동을
가능한 한 오래 멈추게 하는 것을 목표로 남은 생을 이어가야
한다. 밥을 먹고 옷을 입는 것처럼, 잠복해 있는 암과 늘 공존해야
하는 것이다. 아이가 성인이 된 후에도 재발이나 이차암 발병의
가능성은 남들보다 클 수밖에 없다. 항암치료의 그늘이다.
아이뿐 아니라 남편, 혹은 내가 사랑하는 이들, 그리고 나에게도
질병은 언젠가 무작위로 찾아올 것이다. 그러니 아이의 치료가
종결됐다고 요란스레 샴페인을 터트릴 일도, 설사 재발한다고
세상이 무너진 듯 좌절할 일도 없을 것이다.

인생도 그렇다. 태어나 배밀이를 하고, 기다가, 걷고 뛰게 되는 성장기처럼 삶이 내내 선형적이라면 좋겠지만 어느 순간 인생은 혼자 감당하기 어려울 만큼 복잡해진다. 다음 막으로 전개될 때마다 주제가 넓어지고 세계가 확장되며 주요 등장인물이 늘어난다. 내밀하면서도 사회적이고, 개인적인 것은 늘 그렇듯 정치적이다. 인생의 분기점이 되는 중요한 사건들은 결코 깔끔하게 매듭지어지지 않고 생애 전반에 두고두고 영향을 끼친다. 내게는 아이의 병이 그랬다. 윤이의 발병은 한순간에 내 모든 것을 바꿔버리는 거대한 사건이었다. 준비할 수 없었고, 불가항력이었으며 그 파장이 매우 강력했기에 사건을 넘어 재난이었다. 재난은 자연히 파괴와 손상을 부른다. 혹독했던 투병의 시간, 나는 나와 아이의 인간성이 속절없이 손상되는 데 저항하며 늦은 밤마다 읽고 또 읽었다. 생각이 감정을 압도하도록 내버려두었다. 간병인 베드에 앉아 랩톱을 무릎에 올려두고 썼다 지우고, 다시 쓰기를 반복했다. 그동안 한번도 제대로 들여다보지 못하고 마음 한 편에 쌓아뒀던 오랜 고민들이 일제히 쏟아져나와 아우성을 쳐댔다. 일과 육아를 병행하며 겨우 지탱해온 지난 삶을 이제 어떻게 재구성할 것인지, 내가 한 번도 제대로 대접해준 적 없는 모성이라는 감정 혹은 열정의 정체는 무엇인지, 소아암 생존자를 앞으로 어떻게 돌보고 성장시킬 것인지, 가족이 함께 살기 위한 조건은 무엇인지, 나의 일이었던 정치가 나의 삶에 실제 어떻게 파고들 수 있는지, 모두 내 당면 문제인데도 지금껏 이토록 집중해서 생각해본 적이 없었다.

인류학자 조문영은 『빈곤 과정』에서 인간에게 의존만큼

당연한 행위는 없다고 했다. 의지할 의(依)자가 사람 인(人)변에 옷 의(衣)를 쓰는 데서 보듯 추울 때 옷 입는 행위만큼 자연스러운 행동이 바로 의존이라는 것이다. 서로에게 기댈 수밖에 없는 것이 인간의 조건이라면 이제 우리는 더 잘 의존하는 방법을 고민해야 한다. 각자도생하거나 '각자도사'하지 않고 함께 살아가는 방법을 찾아야 한다. 암병동에서 바로 그렇게 사랑과 정치를 고민했다. 이제 나는 금술, 모성, 효심으로 정의하기 어려운 복잡다단한 감정을 사랑의 여러 모습으로 이해한다. '칼로 물 베기', '자식 이기는 부모 없다', '굽은 나무가 선산을 지킨다', '여자 팔자는 뒤웅박 팔자' 같은 아포리즘은 가족 안의 불평등한 정치 현상으로 파악한다. 이렇듯 사랑과 정치라는 일견 어울리지 않는 두 단어의 결합을 끝없이 시도하는 것은 사실 병원에서 익히게 된 내 나름의 생존법이다.

결국 이 글은 소재를 배신하고 말았다. 아이의 병에서 출발했으면서도 아이를 중심으로 한 진단-치료-종결의 연대기는 아니게 된 것이다. 오히려 투병 이후의 새로운 이야기를 여는 서문이나 프리퀄에 가까워졌다. 『퀴어 시간성에 관하여』를 쓴 제인 갤럽은 "나 자신을 발견한 세계와 더 잘 교섭하기 위해", 또 "사고할 수 없도록 하는 상황"에서조차 정확히, 그리고 "계속 사고하기 위해" 글을 쓴다고 했다. 그리고 이 같은 자신의 글쓰기 방식을 두고 일화 이론(Anecdotal theory)이라 이름 붙였다. 여기서 '일화'는 '숨은 일화 공개!' 등에 쓰인 통상의 의미가 아니라 지극히 '개인적인', 누군가 직접 들려주는 자신의 경험 등으로 이해해야 할 것 같다. 연속된 시간의 흐름 속에 사건들을 배치하는 내러티브와 달리 일화는 철저히 개인을 중심에 두며, 플롯처럼 인과관계를 중시하지도 않는다. 그리고 이 일화를 이론과 결합하려는 시도가 바로 일화 이론이 된다. 일화 이론을 알게 된 후, 나는 이번에 시도했던 읽다-생각하다-쓰다-산다의 순환이 앞으로도 내게 유효할 것이라는 자신감을 얻었다. 개인과 사회, 사랑과 정치, 이론과 경험, 인식과 실천이 더 이상 대립하지 않고 결합할 수 있으리라는 가능성도 발견했다.

나는 시리도록 강렬하게 체험한 사건과 거기에서 파생된 감정과 사유, 성찰을 있는 그대로 들려주고 싶었다. 그리고 그 과정에서 사랑의 복잡미묘한 지점과 그 안의 모순적인 부딪힘이 드러나기를, 정치와 사랑의 양립 가능성이 미미하나마 제시될 수 있기를 바랐다. 나의 이 사적인 이야기들은 과학이나 학문의 언어처럼 말끔하지 않다. 미묘하고 개별적이다. 주저하며 혼동을 겪는다. 마치 우리처럼. 그러나 그 와중에도 모든 이야기는 다음 챕터를 향해 간다. 자신과 세계와의 관계를 이해하고 경험과 인식의 간극을 파헤치면 이야기는 지속된다. 또 다른 사건과 재난의 가능성을 염려하면서도 더 넓은 세계, 달리 말해 다음 국면으로 문을 열고 나아갈 수 있는 것이다. 내 이야기도 그럴 것이다. 같은 이유로 나는 다른 이들에게도 이 지독히 개인적인 글쓰기를 주저없이 권한다. 우선은 나와 가장 가까운 타인인 남편에게 제안할 것이다. 읽고, 생각하고, 쓰고, 함께 살 것을. 시간이 흐른 뒤에는 윤이의 이야기도 시작되리라. 이렇게 이 글은, 끝내 에필로그의 임무까지 위배하고 말았다.

19 수전 손택, 『은유로서의 질병』, 이재원 옮김, 이후, 2002.

21 폴 칼라니티, 『숨결이 바람 될 때: 서른여섯 젊은 의사의 마지막 순간』, 이종인 옮김, 흐름출판, 2016.

30 "자신의 몸과 운명을 좌우": 리베카 솔닛, 『이것은 누구의 이야기인가: 미투 운동에서 기후위기까지』, 노지양 옮김, 창비, 2021, 170쪽.

41 "잘난 척했기 때문에": 도리스 레싱, 『다섯째 아이』, 정덕애 옮김, 민음사, 1999, 159쪽.

44 "꿈은 사라지는 중에도": 윌리엄 트레버, 『펠리시아의 여정』, 박찬원 옮김, 문학동네, 2021, 38쪽.

51 "내게 닥친 불행은 한마디로": 마르얀 사트라피, 『페르세폴리스』, 박언주 옮김, 휴머니스트, 2019, 281쪽.

52 "정체성은 사회가 너를": 수전 팔루디, 『다크룸: 영원한 이방인, 내 아버지의 닫힌 문 앞에서』, 손희정 옮김, 아르테, 2020, 517쪽.

54 캐서린 조, 『네 눈동자 안의 지옥: 모성과 광기에 대하여』, 김수민 옮김, 창비, 2021.

71 "남성으로서의 경험": 시몬 드 보부아르, 『제2의 성』, 이희영 옮김, 동서문화사, 2017.

73 다시 로크먼, 『은밀하고도 달콤한 성차별』, 정지호 옮김, 푸른숲, 2002

73 애너벨 크랩, 『아내 가뭄』, 황금진 옮김, 동양북스, 2016.

73 미셸 오바마, 『미셸 오바마 자기만의 빛: 어둠의 시간을 밝히는 인생의 도구들』, 이다희 옮김, 웅진지식하우스, 2023.

73 김훈, 『하얼빈』, 문학동네, 2022.

75 "비존재": 리베카 솔닛, 『세상에 없는 나의 기억들』, 김명남 옮김, 창비, 2022.

75 빅토르 위고, 『레미제라블』, 정기수 옮김, 민음사, 2012.

81 "지연된 혁명": 앨리 러셀 혹실드, 『돈 잘 버는 여자 밥 잘 하는 남자: 맞벌이 부부의 가사분담 이야기』, 백영미 옮김, 아침이슬, 2001.

83 "가사를 3분의 1 이상": 다시 로크먼, 『은밀하고도 달콤한 성차별』, 정지호 옮김, 푸른숲, 2020, 62쪽.

88 "내가 아무리 눈부신 성취를": 록산 게이, 『헝거: 몸과 허기에 관한 고백』, 노지양 옮김, 사이행성, 2018, 299쪽.

89 "나이가 들수록 인생은": 같은 책, 273쪽.

93 나의 적은 가부장제가 아니라 키치예요: 밀란 쿤데라, 『참을 수 없는 존재의 가벼움』, 이재룡 옮김, 민음사, 2009, 412쪽의 "나의 적은 공산주의가 아니라 키치예요"를 차용했다.

99 "용서는 자신이 이해할": 도리스 레싱, 『19호실로 가다』, 김승욱 옮김, 문예출판사, 2018.

99 "뭔가를 이해한다면": 같은 책.

100 "앞은 파악할 수 있는": 밀란 쿤데라, 『참을 수 없는 존재의 가벼움』, 이재룡 옮김, 민음사, 2009, 106쪽.

112 "그래도 남편만은 날 사랑한다고": 엘리자베스 개스켈, 『회색 여인』, 이리나 옮김, 휴머니스트, 2022, 37쪽.

114 악셀 호네트, 『인정투쟁』, 문성훈, 이현재 옮김, 사월의책, 2011.

115 낸시 프레이저, 『좌파의 길: 식인 자본주의에 반대한다』, 장석준 옮김, 서해문집, 2023.

118 "그 사람 살갗 안으로": 하퍼 리, 『앵무새 죽이기』, 김욱동 옮김, 열린책들, 2015, 65쪽.

123 위험한 가계: 기형도, 「위험한 가계 1969」, 『기형도 전집』, 문학과지성사, 1999의 시 제목을 차용했다.

129 최은영, 『밝은 밤』, 문학동네, 2021.

129 "누군가의 삶에서 가장 고통스러운": 매들린 번팅, 『사랑의 노동』, 김승진 옮김, 반비, 2022, 66쪽.

130 "현재 당신이 누군가와 이 세상의": 앤 보이어, 『언다잉』, 양미래 옮김, 플레이타임, 170쪽.

132 도리스 레싱, 『19호실로 가다』, 김승욱 옮김, 문예출판사, 2018.

136 아네마리 몰, 『바디 멀티플: 의료실천에서의 존재론』, 송은주, 임소연 옮김, 그린비, 2022.

136 매들린 번팅, 『사랑의 노동』, 김승진 옮김, 반비, 2022.

141 김현경, 『사람, 장소, 환대』, 문학과지성사, 2015.

148 소준철, 『가난의 문법』, 푸른숲, 2020.

150 한나 아렌트, 『인간의 조건』, 이진우 옮김, 한길사, 2019.

158 김연희, 「코로나19가 바꿔놓은 한국 어린이들의 기쁨과 슬픔」, 『시사인』 794호, 2022년 12월 16일.

159 "어린이는 정치적인 존재": 김소영, 『어린이라는 세계』, 사계절, 2020, 236쪽.

162 "16세기의 의사 파라셀수스의": 싯다르타 무케르지, 『암: 만병의 황제의 역사』, 이한음 옮김, 까치글방, 2011, 106쪽.

163 "세포들을 완전히 말살해": 앤 보이어, 『언다잉』, 양미래 옮김, 플레이타임, 2021, 74쪽.

170 레슬리 제이미슨, 『공감 연습: 부서진 심장과 고통과 상처와 당신에 관한 에세이』, 오숙은 옮김, 문학과지성사, 2019.

172 싯다르타 무케르지, 『암: 만병의 황제의 역사』, 이한음 옮김, 까치글방, 2011.

174 "암의 매력이라고 한다면": 앤 보이어, 『언다잉』, 양미래 옮김, 플레이타임, 2021, 139쪽.

180 "인위적인 자극에 의해": 같은 책, 240쪽.

180 "마지막까지 절대 빼앗길": 빅터 프랭클, 『빅터 프랭클의 죽음의 수용소에서』, 이시형 옮김, 청아출판사, 2020, 133쪽.

181 올리버 색스, 『아내를 모자로 착각한 남자』, 조석현 옮김, 알마, 2016.

182 레이첼 클라크, 『아버지의 죽음 앞에서: 호스피스 의사가 아버지를 떠나보내며 깨달은 삶의 의미』, 박미경 옮김, 메이븐, 2021.

186 송병기, 『각자도사 사회』, 어크로스, 2023.

192 조문영, 『빈곤 과정: 빈곤의 배치와 취약한 삶들의 인류학』, 글항아리, 2022.

193 "나 자신을 발견한 세계와": 제인 갤럽, 『퀴어 시간성에 관하여: 섹슈얼리티, 장애, 나이 듦의 교차성』, 김미연 옮김, 현실문화, 2023, 56쪽.

신성아 지음

국어국문학과 영상이론을 공부했다.
광고·마케팅 업계에 몸담았다가
국회의원 보좌진으로 일하던 중
딸의 암 간병을 위해 휴직했다가
최근 그만두었다. 지금은 딸의 전일,
전속 간병인이다.

사랑에 따라온 의혹들
로맨스에서 돌보는 마음까지,
찬란하고 구질한 질문과 투쟁에 관하여

신성아 지음

초판 1쇄 발행 ○ 2023년 12월 15일
초판 2쇄 발행 ○ 2024년 4월 10일

ISBN ○ 979-11-90853-50-7 (03300)

발행처 ○ 도서출판 마티
출판등록 ○ 2005년 4월 13일
등록번호 ○ 제2005-22호
발행인 ○ 정희경
편집 ○ 서성진
디자인 ○ 조정은

주소 ○ 서울시 마포구 잔다리로 101, 2층 (04003)
전화 ○ 02. 333. 3110
이메일 ○ matibook@naver.com
홈페이지 ○ matibooks.com
인스타그램 ○ instagram.com/matibooks
트위터 ○ twitter.com/matibook
페이스북 ○ facebook.com/matibooks